북한 외교관 K와의 대화

신봉길 지음

북한 외교관 K와의 대화

신봉길 지음

북핵 저지의 마지막 기회를 놓쳤다

머리말

2002년 10월 중순, 나는 평양에 있었다. KEDO(한반도에너지개발기구) 대표단의 일원으로 평양 외곽의 고방산 초대소라는 곳에서 묵었다. 평양 시내와는 조금 떨어진 고즈넉한 곳으로서 북한이 외국의 고위 사절단 방문 시 내어주는 고급 별장 같은 곳이었다. 당시 KEDO 대표단은 북한 측과 노무 관련 협상을 하고 있었다.

그곳에서 개최된 두 차례의 저녁 연회 석상에서 나는 옆자리에 앉은 북한 외무성 간부 K(편의상 그의 본명을 밝히지 않는다)로부터 뜻밖의 이야기를 들었다. 그것은 열흘 전쯤 평양을 비밀리에 방문했던 미국 부시 대통령의 특사 제임스 켈리 국무성 차관보와 관련된 내용이었다. 만찬 석상 반주가 오가며 약간 취한 분위기 속에서 나눈 대화들이었지만 정신이 번쩍 드는 이야기였다. 북한 측이 우리 정부에 보내는 메시지가 틀림이 없다고 생각했다. 나는 긴장과 흥분 속에서 이 대화를 메모해 두었다가 서울로 돌아온 즉시 정부 고위층(대통령실, 외교부)에 보고했다. 정부는 나의 보고에 큰 관심을 표시했다.

당시 경수로사업지원기획단 특보라는 직책을 가지고 있던 나는 KEDO 관련 일로 2002년 중 여섯 차례나 북한을 방문했다. 그리고 이 기회에 평양뿐만 아니라 경수로 원전 공사현장인 함경도 신포 일대, 평양행 비행기를 탔던 함흥, 그리고 북한과의 실무협상을 주로 했던 평안북도 묘향산(향산호텔) 일대를 두루 견문할 기회가 있었다. 아직도 2002년 북한 땅의 모습이 아직도 머릿속에 생생히 각인되어 있다. 누가 이런 기회를 쉽게 갖겠는가?

나는 외교관이라고 하기에는 무모하다고 할 정도로 호기심과 모험심이 강한 편이었다. 나는 이 당시의 북한 땅과 북한 사람들, 그리고 경수로 원전 건설현장의 모습을 최대한 사진과 메모 형식의 기록으로 남겼다. 기록으로 남기는 것을 나의 의무로 생각했다.

이 책은 평양의 고방산 초대소에서 K와 나눈 대화로부터 시작한다. 그리고 2002년 10월 켈리 특사의 방북(10.3-5) 이후 벌어진 미북 간 갈등이 어떻게 우리의 북핵 저지 노력에 치명적 결과를 가져왔느냐 하는 것을 쓰려고 했다. 그때의 핵심 이슈였던 고농축우라늄(HEU) 문제를 제대로 처리하지 못함으로써 사실상 북핵 저지의 마지막 기회를 놓쳤다는 결론이다. 그리고 거기에는 부시 행정부(2001-05) 1기 네오콘(신보수주의자들)의 결정적인 외교적 실책이 있었다.

이 책을 쓰는 동력이 되었던 나의 북핵 문제와 관련한 근본적 의문은 2002년 켈리 특사의 방북 당시 핵무기 하나 없었고 농축우라늄 시설도 검토단계 수준이었던 북한이 어떻게 불과 10년도 안 되는 시간에 세계의 열 손가락 안에 드는 핵보유국이 되었느냐에 있다. 세계 최강 미국과 한·중·일·러 등 막강한 국가들이 어떻게 극동의 조그마한 고립된 나라, 빈곤으로 수많은 사람들이 굶어 죽은 왕조체제의 나라의 핵 개발을 저지하지 못했느냐 하는 의문이다.

이 의문에 접근하는 과정에서 북한을 도덕적 윤리적 관점에서 보려는 불량국가(Rogue State) 담론에서 벗어나려 했다. 수시로 거짓말을 하고 합의를 위반하는 불량국가에게 미국 등 관련 당사국들이 당했다는 논리다. 그러나 그것이 북한 핵 개발 저지 실패에 면책을 부여하는 것은 아니다. 국제정치에서 합의 위반, 거짓말은 드물지 않게 일어나는 일이다. 인간이나 국가나 생존의 위기에 처하면 거짓말을 한다. 살기 위해서라면 무슨 일을 못 하겠는가?

2002년 농축우라늄 이슈를 가지고 북한에 특사를 파견했던 부시 정부(공화당)의 네오콘은 정치적 이데올로기적 편견('악의 축')을 우위에 놓고 북핵 문제에 접근했다. 그것이 가져올 기술적 결과에 대해 냉철한 판단을 하지 못했다. 거기다 당파적 입장도 크게 작용했다. 전임 클린턴 정부(민주당)의 핵심 정책을 지우려던 소위 ABC('Anything But Clinton')적 접근이었다. '북한 붕괴론'이라는 희망적 사고에도 빠져있었다. 적을 모르고 이길 수가 없다. 적에 대한 무지와 오만의 결과는 북한이 핵 프로그램을 확장하도록 문을 열어준 격이 되었다.

켈리 특사의 방북 당시 북한은 모든 면에서 가장 취약한 때였다. 수많은 주민들이 굶어 죽었던 소위 '고난의 행군(1996-99)'을 갓 지난 시점이었고 체제의 생존을 위해 미국과의 화해 및 협상, 그리고 한국 및 일본과의 관계 정상화를 위해 나름 엄청난 노력을 기울이고 있었다. 보험 성격의 헤징 전략(Hedging Strategy)의 일환으로 비밀리에 우라늄 농축을 통한 핵 개발도 시도하고 있었지만 아직 걸음마 단계였다. 손에 쥔 핵무기도 대륙간탄도미사일도 없었다.

당시야말로 미국에게는 유리한 입장에서 북한을 다룰 수 있는 절호의 기회였다. 9.11테러의 충격 속에서 아프가니스탄을 점령하고 이라크에 대한 선제공격을 준비하고 있던 미국에 전 세계가 긴장하고 있을 때였다. 드물게 오는 결정적 기회였다. 그런데 부시 정부의 네오콘은 전형적인 '안락의자의 전사들(Armchair Warriors)'이었다. 북한과의 대화와 협상 자체를 거부했다. 그렇다고 강경한 군사 대응을 준비한 것도 아니었다. 당근도 없었고 채찍도 없었다. 대북 중유 공급을 중단하고 경수로 원전 건설 중단 가능성 등 강경한 태도를 보이면 북한이 굴복하고 들어올 줄로 알았다. 한국과 일본이 북한의 '벼랑 끝 전술' 가능성(영변 핵 활동 재개)을 제기하며 신중론을 폈지만 미국은 듣지 않았다. 결과적으로 그들의 결정적 판단 미스 속에서 북핵 문제는 '돌아올 수 없는 강'을 건넜다.

이후 북핵 이슈는 6자회담(2003-07)이라는 다자간 협상으로 넘어갔지만(나도 1, 2차 6자회담에 한국 측 대표단의 일원으로 참석함) 둘이 해도 어려운 협상이 100여 명이 참석한 다자회담에서 잘될 리가 없었다. 각국 대표들은 국제적 스포트라이트를 즐겼다. 그러나 나폴레옹을 패퇴시키고 열린 비엔나 회의(1814년)에서와 같이 '회의는 춤추나' 진전은 없었다. 나는 6자회담이 사실상 북한에 핵 개발의 시간을 준 것밖에는 큰 의미가 없었다고 생각한다.

이 책과 여타 북핵 관련 저서들과의 차이점은 대부분의 북핵 관련 저서들이 6자회담을 핵심주제로 다룬 반면, 이 책은 2002년 10월, 켈리 특사의 방북 및 고농축우라늄(HEU) 이슈 대응에 초점을 맞추었다는 것이다. 미국의 중유 공급 중단, 그리고 이에 대응한 북한의 영변 핵시설 재가동이라는 결정적 장면들이 이 시기에 전개됐다. 이 시점이 사실상 북한 핵 저지의 마지막 기회였다는 것이 나의 판단이다.

이 책을 쓰면서 2004년부터 2010년까지 7년 동안 일곱 차례나 북한을 방문해서 중요 핵시설 특히 농축우라늄 시설을 직접 보고 쓴 미국의 핵물리학자 시그프리드 해커 박사의 저서 《핵의 변곡점》(2023)에 큰 영감을 받았다. 그는 미국의 저명한 핵연구소인 로스앨러모스 국립연구소에서 수십 년간 연구소장과 연구원으로 일한 분이다. 이 책이 나옴으로써 북핵의 기술적 측면은 사실상 거의 모두 밝혀졌다. 핵기술 전문가인 그의 기록과 평가는 그동안 외교관이나 북한 전문 학자들이 제각기 해석해 온 북핵 문제를 명확히 정리해 주었다. 이제 북한 핵의 현 상황이 어떻고 그간의 핵 개발 저지에 무엇이 잘못됐고 어디서 문제가 있었는지 평가가 가능한 시점이 되었다.

《군주론》으로 유명한 16세기 이탈리아의 외교관이자 저술가인 마키아벨리는 《정략론(Discourses on Livy)》(1531)이라는 또 다른 저서에서 이렇게 말하고 있다. "일이 조국의 존망에 걸려있을 때는 그 수단이 옳다든가 그르다든가, 관대하다든가 잔혹하다든가, 칭찬받을 만하다든가 수치스럽다든가 하는 것 따위는 일절 고려할 필요가 없다. 무엇보다도 우선되어야 할 목적은 조국의 안전과 자유를 유지하는 일이기 때문이다." 나는 마키아벨리의 이 말을 늘 머리에 떠올렸다.

나는 이 책을 쓰면서 북한대학원대학교에서 석사, 박사학위를 하는 동안 격려와 지도를 아끼지 않았던 경남대 박재규 총장님과 지도교수였던 구갑우 교수로부터 큰 도움을 받았다. 특히 평소 학자로서 누구보다 샤프한 마인드를 가진 구갑우 교수는 2002년 나의 북한 및 경수로 원전 현장 방문과 관련한 기록을 책으로 출판하도록 최초로 권한 분이다.

문재인 전 대통령께서도 올해 초 양산 서재에서 해커 박사의 저서

(핵의 변곡점)를 주제로 함께 이야기를 나누던 중 '나와 북한 외교관 K와의 대화'를 듣고, 이를 모티브로 해서 책을 내보라고 적극적으로 권하셨다.

이 책은 감수과정에서 구갑우 교수, 곽성규 전 주파키스탄 대사, 임을출 경남대 극동문제연구소 교수, 전봉근 국립외교원 교수 등 여러분들의 도움을 받았다. 특히 곽성규 대사와 임을출 교수는 책의 콘텐츠뿐만 아니라 편집 과정(전체 목차의 재정리, 사진 활용 등)에서도 세심한 조언을 해주었다.

이 책의 내용, 그리고 주장과 관련해서는 서로 다른 의견이 있을 수 있다. 편견이나 치우침, 생각의 다름은 북한이나 북핵 문제를 다룰 때 늘 따르는 문제다. 독자 여러분들의 넓은 이해와 포용을 바랄 뿐이다.

한 권의 책을 쓴다는 힘든 작업과정에서 가장 큰 의지가 되었던 것은 가족이다. 아내 미숙, 아들 양호, 정호, 주호, 그리고 며느리 지영, 원경, 그리고 손주 제인, 제익, 제이… 나의 삶의 가장 큰 보람이고 즐거움이다.

2025년 9월

신봉길

목 차

머리말 •004

1장
북한 외교관 K와의 대화

1. 2002년 10월 16일, 평양 고방산 초대소 •014
2. 대통령실에 긴급보고 •021

2장
2002년 북한 땅, 그리고 경수로 원전 건설현장

1. 2002년, 여섯 차례의 북한 방문 •030
2. 함경도 신포 원전 건설현장 •033
3. "통일이 언제쯤 될 것 같습니까?" •053

3장
북핵 저지의 마지막 기회를 놓치다

1. 골든타임을 놓친 미국 정부의 아쉬운 대북 정책 •082
2. 누가 제네바합의를 위반했는가? •085
3. 고농축우라늄에 집착한 미국, 플루토늄 문 열어줘 •089

4. 북한과의 결정적 협상 기회 방치 ・093
5. 북한의 '벼랑 끝 전술'에 속수무책이었던 미국 네오콘 ・100
6. '북한 붕괴설'이라는 신기루와 핵 문제 ・108

4장
배경 상황

1. 해빙의 한반도, 남북한 대접촉의 시대 ・118
   - 천재 기업인 현대그룹 정주영 회장의 소떼 방북 119
   - 6.15 남북 정상선언과 금강산 관광, 개성공단 사업 120
   - 올브라이트 미 국무장관 방북 125
   - 북러 모스크바선언, 한반도-러시아-유럽 연결 철도 사업 구상 발표 127
   - 일본 고이즈미 총리의 평양 방문과 일북 정상회담 129

2. 부시 행정부의 등장과 대북 강경책 ・131
   - '선악이원론'의 네오콘 등장 131
   - 북한을 '악의 축'으로 규정 134
   - 전임 클린턴 정부의 정책 지우기 136

5장
파탄의 길

1. 고농축우라늄(HEU) 이슈의 대두, 파탄의 시작 ・140
   - 켈리 특사의 방북 140
   - "핵무기는 물론 그보다 더한 것도 가지게 되어있다" 147

2. 미국의 강경한 입장과 대북 중유 공급 중단 ・159
   - 1994년 북미 간 제네바합의 159
   - KEDO 설립과 연간 50만 톤의 대북 중유 공급 168
   - 한미일 대북정책조정그룹(TCOG) 회의, 미국과 한일연합 충돌 174
   - KEDO 집행이사회의 대북 중유 공급 중단 결정 185

3. 북한의 벼랑 끝 전술 ・196
- 영변 핵시설 재개 및 핵확산금지조약(NPT) 탈퇴 196
- 허를 찔린 미국, 별다른 대응책이 없었다 199

4. 경수로 원전 사업과 KEDO의 허망한 종료 ・204
- "민족 문제는 민족이 주도해야 한다" 204
- 공사 속도 조절 및 일시 중단 206
- 사업 종료 및 청산 208
- 경수로 원전 사업의 성과와 의의 209

이 책을 마치며 ・212
- 트럼프, 김정은, 그리고 이재명 정부에 대한 기대
- 개마고원을 통해 백두산에 오르고 싶다

참고자료 ・220

부록 ・223
1. 제네바합의(1994년 10월 21일)
2. 조-일 평양선언(2002년 9월 17일)
3. 북한 외무성 대변인 담화(2002년 10월 25일)

1장

북한 외교관 K와의 대화

1 : 2002년 10월 16일, 평양 고방산 초대소

2002년 10월 15일~19일까지 나는 평양에 있었다. 미북 제네바합의(Agreed Framework, 1994)에 따라 KEDO(한반도에너지개발기구)가 함경도 신포에 건설 중이던 경수로형 원자력발전소와 관련해서 북한과의 노무협상이 있었기 때문이다.

나는 당시 경수로사업지원기획단(이하 경수로기획단) 특별보좌역(이하 특보)으로서 KEDO 대표단의 일원이었고 협상의 파트너는 북한의 경수로대상사업국이었다. 우리의 경수로기획단에 해당되는 조직이었다. 회의장 겸 숙소는 평양 근교의 고방산 초대소였다. 고방산 초대소는 평양 외곽에 위치한 3층(지하 1층 포함)의 규모가 큰 고급 별장 같은 시설이었다. 민가와는 떨어져 논과 밭으로 둘러싸여 있는 조용한 곳이었다.

평양에서의 노무협상을 위해 우리 일행이 탄 특별기는 10월 15일(화) 휴전선을 넘었다. 14시 30분 강원도 양양공항에서 출발해 15시 40분 함흥 선덕공항에 도착했다. 동해단축항로를 이용한 남북 간 첫 비행이었다. 이 비행기에는 KEDO 측의 조규형 사무차장, 밥 칼린(Robert L. Bob Calin) 등이 탑승했고 원전 건설지인 함경도 신포의 금호부지로 가는 1백여 명의 인력도 함께 타고 있었다. KEDO 대표단은 선덕공항에 도착하자마자 바로 북측 비행기로 옮겨 16시 25분 이륙, 16시 55분 평양 순안공항에 도착했다. 함흥에서 평양까지는 비행기로 30분밖에 걸리지 않았다. 평양 순안공항에서 버스를 타고 고방산 초대소로 이동했다. 초대소로 가는 길 좌측으로 대성산혁명열사릉이 보였는데 가까운 곳에 단군릉도 있다고 했다.

그날 저녁 7시경 초대소 로비 홀에서 우연히 강석주 외무성 제1부부장이 나타난 것을 보았다. 이전에는 사진으로만 보아온 그는 체격이 크고 당당한 풍채를 가지고 있었다. '아! 저 사람이 언론에서만 보던 강석주(탈북 외교관 태영호 전 주영공사는 강석주를 대단한 전략가, 책략가로 평가했다. 그는 김정일 위원장의 각별한 신임하에 통상 당이 하는 외무성 내 인사권까지 좌지우지했으나 나중에는 권력싸움에서 밀려나 2010년 내각 부총리라는 한직으로 옮기면서 외교 일선에서 물러났다고 한다)구나….' 김정일 위원장과 수시로 연락하는 북한 외교의 최고 실세…. '누군가와 저녁 약속이 있는 듯한데 누구일까? 미국 측?' 궁금했지만 확인은 하지 못했다. 북측 관계자는 강 부부장이 일상 업무로 만찬 차 온 것이라고만 설명했다. 로비에서 박명구 경수로대상사업국 부국장과도 마주쳤는데 그와는 잠깐 이야기를 나눌 기회가 있었다. 그는 자신을 전 주인도 대사라고 소개하면서 "미국이 북한을 죽이겠다고 나오고 있는데 싸움은 붙어봐야 안다"고 하는 등 과장된 발언을 했다. 나는 그의 "미국이 북한을 죽이겠다고 나온다"는 발언이 가진 함의를 정확히 이해할 수 없었다. 조금 허세를 부린다는 인상을 받았다.

그 후 나는 조규형 KEDO 사무차장과 초대소 바깥 정원에서 잠시 대화를 나누었다. 도청 가능성 등으로 긴한 이야기는 실내가 아닌 바깥에서 이뤄졌다. 외교부 4년 선배인 조규형 차장(후에 주브라질 대사)은 미국 부시 행정부 측이 노무회담의 진전을 원치 않는다고 말해주었다. 경수로 원전 건설과 관련해 뭔가 잘못되어 가고 있구나 하는 불길한 생각이 들었다.

10월 16일 수요일 저녁, 초대소 연회장에서 북측이 초청한 KEDO 대표단을 위한 만찬이 있었다. 몇 개의 라운드 테이블 중 내가 착석한 테이블 왼쪽 옆자리에는 그동안 본 적이 없는 새로운 사람이 앉아있었다. 그는 자신을 북미국 소속 연구원(부국장급)으로, 조선반도의 핵 문제를 다루고 있다고 소개했다. 그는 자신이 1994년 제네바합의에도 참가했다고 말했다. 나는 그를 여기서 편의상 K라고 부르기로 한다. 나중에 알게 됐지만, 그는 김일성종합대학을 나온 엘리트 직업외교관이었다.

우리 둘은 주거니 받거니 북한 술을 몇 잔씩 나누었는데, 약간 취한 기분이 들 때쯤 갑자기 K가 "켈리 특사가 10월 초에 평양을 방문했다"는 이야기를 꺼냈다. 당시 나는 미국 특사의 방북 사실 자체를 모르고 있었다. 나중에 알게 됐지만 켈리 특사는 비밀리에 방북했고, 우리 측 정부 고위관계자 극히 일부만 이 사실을 알고 있었다.

그는 자신이 "켈리 특사의 10월 3일부터 5일까지의 방북 시 모든 일정(회담 포함)에 참여했다"고 말하면서 그간의 경과를 설명했다. 특사 방문 전 미국 측은 주유엔 북한대표부와 사전에 접촉했는데, 켈리 특사의 방문 목적은 부시 행정부의 정책을 설명하고, 대화를 위한 안을 제시하기 위함이었다고 한다.

　이에 따라 북측은 상당한 희망과 기대를 가지고 강석주 제1부부장의 직접 지휘하에 외무성 내 대미 라인이 총력을 기울여 미국 측의 예상 입장에 따른 각각의 대응방안을 마련했다는 것이다. 특히 최선과 최악의 시나리오까지 생각해서 대응방안을 만들어 장군님(김정일 위원장)의 결재까지 받아놓았다고 설명했다. 북한 측은 부정적 결과를 생각지 않았던 것은 아니나 긍정적 진전 가능성에 훨씬 큰 비중을 두었으며 최악의 경우에도 최소한 대화를 계속하기 위한 차기 회담 일정은 만들어 두려고 했다고 말했다.

　그러나 북측의 기대와 달리 미국 측은 북을 '악의 축'의 시각에서 보고 있다는 점을 분명히 하고, 필요하면 핵 선제공격도 가능하다는 일방적이고 강압적인 입장을 통고했다고 말했다. 북측은 이런 상황에서도 미국과의 대화 가능성을 열어놓기 위해 애를 썼으나 미국 측이 거부했다고 설명했다. 북측은 떠나는 켈리 일행에게 최소한 차기 회담 일자라도 잡아놓자고 사정을 했으나 미국 측은 냉정히 뿌리치고 떠났다고 말했다. K는 "이런 상황에서 북이 할 수 있는 일이 무엇이겠는가? 우리도 우리의 원칙적 입장을 확고히 표명하고 회담을 끝낼 수밖에 없었다"고 말했다.

　K의 이야기가 여기쯤 왔을 때 나는 갑자기 술기운이 확 깨고 정신이 번쩍 드는 느낌이 들었다. 처음에는 혹시 K가 술기운에 실수로 이런 이야기를 하는 것이 아닌가 하는 생각도 들었지만, 시간이 갈수록 K가 그냥 하는 이야기가 아니라는 판단이 섰다. 25년 경력 외교관의 직감이었다. 나는 그와의 대화가 끊기지 않도록 적절히 관심을 표시해 가

면서 그의 이야기에 온 신경을 집중했다. 이 사람이 서울에 메시지를 전하려고 나에게 일부러 하는 이야기임에 틀림이 없다고 생각했다. K는 계속해서 회담에 대한 나름의 평가도 했다.

"켈리 특사의 방북 시 발언은 미국이 북한 체제를 인정할 수 없다는 메시지였으며 미국이 이라크를 친 다음에는 북한을 죽이겠다는 것으로밖에 해석할 수 없었다. 무엇보다 실망스러웠던 것은 미국이 대화와 협상을 완전히 거부한 것이었다. 미국의 역대 어떤 정부도 대화와 협상을 완전히 거부한 예는 없었다. 초강대국으로서 세계 유일한 경찰의 지위를 유지하겠다는 미국이 다른 나라를 다루는 방식은 너무나 일방적이고 강압적인데 실망을 금할 수 없었다. 특히 남북한 관계가 근래 들어 화해 협력의 길로 급속히 나가고 있고 또한 일본-북한 관계가 정상화의 길로 나가고 있는 것에 대한 견제와 제동의 목적도 있었다고 생각한다. 미국이 경수로를 완공시켜 줄 의향이 있는지에 대해서도 이번 회담 후 솔직히 확신이 서지 않았다."

K는 이후 대응 문제 등 한국에 대한 기대도 내비쳤다. 그는 "미국이 대화 자체를 거부하고 있는 상황에서 북측으로서는 뾰쪽한 아이디어가 있을 수 없다"고 말했다. 내가 협상을 바라는 북한이 요구하고 있는 것이 무엇이냐는 질문을 하자 그는 "북측이 핵사찰을 받지 않겠다고 한 일은 한 번도 없었다. 미국은 미북핵합의에 따라 경수로 완공이 지연되고 있는 데 대해 보상하고 대북한 적대정책을 포기해야 할 것"이라고 대답했다. K는 "이럴 때일수록 남측이 외부(미국을 의미하는 듯)의 영향을 받지 않고 남북 간의 사업을 계속해 나가야 할 것"이라고 말했다. 그리고 "일본도 일북공동선언 합의사항 이행이 미국의 영향으로

흔들려서는 안 될 것"이라고 말했다.

K는 "평소 한미 간에 대북 정책 조율이 있는 것으로 아는데 이번 특사 방문 시에는 사전 조율이 없었느냐"고 되물었다. 나는 미국 특사가 와서 미북 간에 핵 문제와 관련해 심각한 논쟁이 있었구나 하는 짐작을 하면서도 한미 간 사전 조율 여부에 관한 K의 질문에는 짐짓 별다른 반응을 보이지 않았다. 특히 당시에는 그것이 북한의 고농축우라늄(HEU) 개발 의혹과 관련된 것이라는 것을 알지 못했다. K도 대화 중 한 번도 '고농축우라늄'을 언급하지 않았다.

나는 그의 말에 계속 신경을 곤두세웠다. 그는 "앞으로 미국이 어떻게 나올 것 같으냐"고 나에게 문의했다. 긴장한 표정이 역력했다. 미국이 전격적으로 북을 칠 수도 있고 이에 따라 한반도에서 전쟁이 일어날 수도 있다고 우려하는 느낌이었다.

돌이켜 보면 K의 발언은 사전에 준비된 고도로 절제된 발언이었다. 나는 만찬이 끝나자 바로 내 방으로 돌아와서 만찬 시 대화를 메모하기 시작했다. 내 방 침대 위에는 김일성과 김정일의 사진 액자가 걸려 있었는데 마치 나를 내려다보고 있는 것 같았다. 엄청난 긴장과 흥분을 느꼈다. 역사의 현장에 있다는 느낌과 함께, 돌아가서 이 이야기를 정확히 전달해야 한다는 사명감이 나를 긴장케 했다. 나는 북경을 거쳐 귀국하는 대로 메모를 바탕으로 대화 내용을 긴급 정리해서 우리 정부 고위 레벨에 보고할 작정이었다. 머리가 복잡했다.

10월 18일 금요일 저녁, K와 똑같은 자리에서 만찬을 했다. 이번에는 우리 측이 내는 만찬이었다. 그는 이틀 전보다 훨씬 밝은 분위기였다. 그는 나에게 혹시 CNN 뉴스를 보았느냐고 물으면서 미국 측이 켈리 특사 방북 관계사항을 10월 17일 언론에 공개하고 또 부시 대통령도 언급했다고 말했다. 또 김대중 대통령도 미북 관계를 우려하면서 대화로 풀어야 한다는 요지의 이야기를 했고, 외교부의 이태식 차관보도 그렇게 언급한 것으로 알고 있다고 말했다. 그는 국제여론이 어떻게 돌아갈지 지켜보고 있다고 했다.

그는 "북측으로서는 미국이 다시 대화하겠다면 응할 것이나, 현재로서는 어떠한 뾰쪽한 방도도 없다"고 말했다. "일단 정세의 추이를 지켜보는 수밖에 없을 것 같다"고 했다. 그는 "미북 관계가 어떤 상황으로 흐르던 남과 북은 하던 일을 계속해 나가야 할 것"이라고 말했다. 북측은 켈리 특사 일행이 10월 5일 평양을 떠난 뒤 거의 2주간 침묵하자 내심 엄청 긴장했던 것 같다. 그런데 막상 미국 측이 켈리 특사가 비밀리에 평양을 다녀온 사실을 공개하자 오히려 안심하는 것 같았다. 그때 내가 받은 느낌이었다.

북측과의 경수로 노무협상은 북측이 주요 쟁점사항에서 양보를 시사하며 회담 타결을 서두르는 모습이 역력했다. 그러나 노무협상의 진전을 원치 않는 미국 측의 입장을 고려해 KEDO 대표단은 일부 사항을 미결로 둔 채 최종 합의를 하지 않고 돌아왔다.

2 : 대통령실에 긴급보고

나는 10월 19일 토요일 오전, 북한의 고려항공 민항기를 타고 평양을 떠나 북경을 거쳐 당일 서울로 돌아왔다. 나는 귀국 즉시 삼청동 남북대화사무국 안에 있던 경수로기획단 사무실에서 K와의 대화 내용을 정리했다. 그리고 다음 날인 10월 20일 일요일 '미 특사 방북 결과 관련 북한 외무성 반응'이라는 제목으로 특별보고 형태의 문서(A4 용지 4페이지 분량)를 만들어 청와대 외교안보수석실과 외교부 북미국으로 보냈다.

문서 마지막에 나의 관찰과 평가 내용도 적었다. 첫째는 북한이 켈리 특사의 방북에 기대감을 가지고 있다가 미국 측의 강경 입장 전달에 상당히 당황했던 것으로 보인다는 점. 둘째는 추후 대화 일정까지 잡지 못한 채 회담이 끝나자 파국으로 치닫는 듯한 위기감을 느끼고 있다는 점. 셋째는 미국이 언론에 켈리 특사의 방북을 밝히고 켈리가 중국을 방문 이 문제를 협의할 듯한 모습을 보이자 최소한 상황이 움직이고 있는 데 대해 안도하면서 사태의 추이를 보고 있는 것으로 관측된다는 점. 넷째는 이 과정에서 한국이 미국을 대화 분위기로 이끄는 데 역할을 해줄 것을 기대하는 듯한 모습이 보였다는 점. 특히 미북 관계가 어떻게 되든 남북한은 그간의 사업을 계속해야 한다는 분위기가 느껴진다는 점을 언급했다. 마지막으로 나는 K가 발언 내내 북측의 여타 인사들과 달리 허장성세하는 등의 모습은 보이지 않았으며 사태 진전 상황에 대해 매우 우려하고 고심하는 태도를 보였다는 소견도 썼다.

나중에 들으니 청와대 대통령실(임성준 외교안보수석, 임동원 특보)에서는 보고서에 대해 깊은 관심을 표시했다. 켈리 특사 일행의 설명만 들었는데 북측 설명까지 듣고 나니 상황이 전체적으로 어떻게 돌아갔는지 좀 더 잘 알 수 있게 되었다고 했다. 외교부 북미국의 첫 반응은 좀 달랐다. 나의 보고서를 보았는데 미국 측 설명과 많이 다르다면서 난처해하는 눈치였다.

어느 날, 공로명 전 외교부 장관이 전화를 해왔다. 어디서 들었는지 내가 K로부터 들은 이야기를 직접 듣고 싶어 했다. 공 장관은 한국 내에서 가장 경험이 많은 북핵 전문가라고 할 수 있는 분이다. 외교안보연구원장 재직 시 남북핵통제공동위원회 남측 대표를 맡는 등 북핵 문제에 오랫동안 관여했다. 그분의 관심에 고무되었다.

나중에 알게 되었지만 K가 10월 16일과 18일 두 차례 만찬 석상에서 나에게 전한 말은 켈리 특사 방문과 관련해서 북한이 외부에 최초로 북측 입장을 밝힌 것이었다. 그 당시 답답한 북한의 입장을 생각하면 한국 정부에 대한 메시지의 타이밍을 놓치지 않아야 했을 것이다. 비록 공식적인 메시지 전달이라고 할 수 없었고(K는 나에게 자기의 이야기를 우리 정부에 전달해 달라고 말하지는 않았음) 또 당시 나의 직책(경수로기획단 특보)이 정부의 국장급 정도였기 때문에 고위급 인사 간 커뮤니케이션이라고 할 수도 없었다. 그러나 나는 오랜 시간 트레이닝을 받은 직업외교관으로서 직감적으로 이는 우리 정부에 대한 메시지 전달이라고 생각했다. 또 최소한 북한 외무성 최상층부의 지시나 양해 없이 이런 정도의 이야기를 할 수 없다고 판단했다.

K의 설명은 양측이 격앙된 분위기 속에서 헤어진 뒤 겨우 열흘 정도 지난 후의 것으로서 당시의 북측 입장을 가장 정확히 담은 것이었다고 할 수 있다. 시간이 지나면서 관계 당사국들이 공방에 나서다 보면 정부 간 커뮤니케이션도 오염되기 시작한다. 그런 의미에서 K의 설명은 그 시점에서의 북한의 입장을 가장 가감 없이 보여준 것이었다고 생각한다. 그만큼 중요한 메시지였다.

내가 평양에서 돌아와 K와의 대화 내용을 보고하기 열흘 전쯤 우리 정부는 켈리 특사 일행으로부터 방북 결과 설명을 직접 들었다. 켈리 특사 일행이 2박 3일간의 평양 방문 후 서해 직항로를 통해 10월 5일 서울에 들렀을 때다. 미국 측은 가급적 한 번에 브리핑을 끝내고 싶어 했다고 한다. 그래서 외교부와 청와대 팀이 한남동의 외교통상부 장관 공관에 모였다. 한국 측에서는 최성홍 외교부 장관, 이태식 차관보, 그리고 임동원 대통령특보, 임성준 외교안보수석 등이 참석했고 미국 측에서는 미국대표단 전원과 허바드 주한 미국 대사 등이 참석했다. 미국 측 설명은 당일 14시 30분부터 약 한 시간 동안 계속됐다.

그 내용은 다음과 같다. 임동원 특보가 자신의 회고록 《피스 메이커》(2008)에서 밝힌 내용이다. 나는 후에 당시 현장에 배석했던 외교부 북미국 실무자(후에 한반도평화교섭본부장 역임)로부터 내용의 정확성을 확인받았다. 켈리 특사는 매우 경직되어 있었고 미리 준비한 설명문을 그대로 읽었다.

> 10월 3일 오전 평양에 도착, 고려호텔에 투숙, 오후에 김계관 부부장을 만나 미측 입장을 전달했는데 그는 "고농축우라늄 계획이 없다"고 주장했다. 4일 오전에 김계관 부부장을 만났고…. 16시에 강석주 제1부부장을 만났는데 그는 "어젯밤 군부 등 고위 관계자들이 모여 미측 주장을 검토한 결과를 통보한다"며 북측 입장을 밝혔다.
>
> 강석주 제1부부장은 "미측이 제시한 고농축우라늄 계획이 실재한다"고 반항적인 어투로 시인한 후에 "미국이 엄청나게 보유하고 있는 핵무기로 우리를 '악의 축'이라고 하며 '선제공격'하겠다고 위협하는 마당에 우리도 국가안보를 위한 억제력으로서 핵무기는 물론 그보다 더 강력한 것도 가질 수밖에 없지 않겠느냐"고 항변했다. 그리고 "전쟁을 하자면 할 용의가 있다"고 서슴없이 폭언했다는 것이다.
>
> 그러나 미국과 협상을 통해 해결할 용의가 있다면서 "미국이 적대시 정책을 버리면 미국의 안보 관심사 해결이 가능하다"며 이를 위한 세 가지 조건으로 체제 인정 존중, 불가침조약 체결, 경제 제재 해제 등을 제시하고 새로운 합의 체결을 원한다는 것이었다. 그리고 "최고위층과의 회담을 통해 일괄타결할 것을 희망한다"고 밝혔다.

켈리 특사는 "북한의 발언과 태도에 경악했다"고 표현하면서 "귀국하여 대책을 강구하게 될 것이며 더 이상은 언급할 수 없다"며 우리 정부의 양해를 구했다.

당시 외교부 장관 공관 설명회에 실무자로 참석한 김건 의원(전 한반도평화교섭본부장)에 따르면 우리 측이 북측의 농축우라늄 계획 인정 여부의 확실성에 대해 따지듯 질문하자 켈리 특사는 짜증을 내며 여기 한국어가 능통한 3명(통역 2명, 스트라브스 국무성 한국과장)이 함께 있었는데 무슨 소리냐고 화를 내듯 대답했다고 한다. 우리 측이 북미 대화록 사본 공유를 요구했지만 미국 측은 이를 거절했다. 켈리 특사는 한국 방문 후 도쿄에도 들러 미국 대사 토머스 폴리의 관저에서 일본 외무장관과 관방장관에게도 같은 내용을 브리핑했다.

한편 켈리 특사와 함께 북한을 방문한 미국의 찰스 프리처드 대북교섭담당 대사는 자신의 회고록《실패한 외교》(2007)에서 강석주 제1부부장의 발언을 다음과 같이 기록하고 있다.

> 강석주는 북한의 입장에서 미국과의 대화에 참여하기 위해서는 수단 즉 우라늄 농축이나 핵무기가 필요하다고 말했다. 그는 북한이 우라늄 농축을 중단한다면 미국이 그에 대해 모든 것을 보상해 줄 것으로 이해하고 있다고 언급했다. 강석주는 미국이 불가침 평화협정과 북한의 경제 발전을 방해하지 않는 것을 포함해 북한 정권을 인정할 것을 주장했다. 그와 같은 것들이 이루어지면 미국과 북한이 똑같은 지위에서 우라늄 농축에 관한 미국의 우려사항을 논의할 수 있을 것이라고 말했다. 그는 우라늄 농축에 덧붙여 다른 어떤 것도 생산할 준비가 되어있다고 주장했다. 다른 것이 핵인지 생화학무기인지는 구체적으로 거명하지 않았다.

한편 강석주 발언과 관련 일본 언론인 후나바시 요이치는 미국, 중국, 일본, 러시아의 전·현직 관리들을 만나 인터뷰한 후 그의 저서 《김정일 최후의 도박》(2007)에서 이렇게 기록하고 있다.

> *강석주는 고농축우라늄에 대해 언급했다. 우리가 HEU 계획을 갖고 있는 게 뭐가 나쁘다는 건가? 우리는 HEU 계획을 추진할 권리가 있고 그보다 더 강력한 무기도 만들게 되어있다. 부시 정권이 이처럼 우리들에 대해 적대시 정책을 취하는 이상 우리가 HEU 계획을 추진한다 해서 무엇이 나쁜가? 그것은 미국의 적대시 정책에 대한 억지력 이외에 아무것도 아니다.*

2002년 10월 고방산 초대소에서의 K와의 대화 이후 그를 다시 만나볼 기회가 있었다. 북경에서 2007년 3월 제6차 6자회담 1단계 회의가 열렸을 때로 기억한다. 나는 당시 외교부 대변인을 거쳐 북경주재 공사(2004~2007)로 일하고 있었다. 마침 6자회담 중 에너지위원회회의가 주중한국대사관 회의실에서 열렸는데 K가 그곳에 나타났다. 그는 당시 주유엔 북한대표부 공사였다. 내가 반갑게 그를 맞으며 나를 기억하겠느냐고 하자 K는 "그럼요… 외교부 대변인 하시는 것도 잘 봤습니다!" 하고 대답했다. 그는 나의 동향을 잘 알고 있었다. 우리는 반갑게 악수를 하였다. 나보다 네 살 아래였던 그는 외교관 일생의 거의 전부를 북핵 문제에 바친 북한 입장에서는 대단한 북핵 전문 엘리트 외교관이었다.

K는 그 후 2019년 2월 트럼프와 김정은의 베트남 하노이 미북정상

회담 시 당시 베트남 주재 북한 대사로 김정은 위원장을 밀착 수행하여 주목을 받았다. 그런데 회담이 성과 없이 끝난 직후인 2019년 4월 교체되어 귀국했는데 그해 10월 스웨덴 스톡홀름에서 개최된 스티브 비건(하노이회담 미국 측 실무대표)과의 북미회담 시 북측 대표로 나온 것이 기록으로 남아있다. 최선희 현 북한 외교부장보다 여러 해 선배인 것을 생각하면 지금은 외교 일선에서 은퇴한 것으로 보인다.

2장

2002년 북한 땅, 그리고 경수로 원전 건설현장

1 : 2002년, 여섯 차례의 북한 방문

북핵 문제에 대한 깊이 있는 이해를 위해서는 당시 북한이 처한 현실과 경수로 원전 건설 문제를 살펴보는 게 좋겠다. 나는 2002년 중 북한을 여러 차례 방문했는데 경수로사업지원기획단(이하 경수로기획단) 일과 관련해서였다. 이 조직은 1994년 미북 간 제네바합의에 따라 북한이 핵을 포기하는 대가로 북한의 에너지난 해소를 위해 경수로형 원자력발전소를 지어주기로 하면서 만들어진 것이다. 뉴욕에 KEDO(한반도에너지개발기구)라는 국제기구가 만들어지고 국내에서는 이를 뒷받침하는 경수로기획단이, 북한에는 경수로대상사업국이 만들어졌다.

내가 경수로기획단 특보라는 자리로 발령이 나 샌프란시스코에서 귀국한 것은 2002년 봄이었다. 아마도 내가 그전에 외교정책실 특수정책과장(북한 정세분석이 주 업무)을 한 경력이 발령의 배경이 된 것 같다. 우리 측 경수로기획단장은 장선섭 대사였는데 외교부 미주국장과 주미공사, 주프랑스 대사 등을 지낸 직업외교관 출신이었다. 실력과 인품을 겸비한 분으로, 외교부 내에서 그를 존경하고 따르는 직원들이 많았다.

경수로기획단 업무는 나에게 펼쳐진 완전히 새로운 신세계였다. 북한에 드나들 수 있는 기회가 생긴 것이다. 나에겐 생각지도 못한 꿈같은 상황이었다. 언제 이런 기회가 다시 오겠는가? 삼청동 남북대화사무국 건물 안에 있던 이 조직에서 일하면서 나는 2002년 한 해 동안 여섯 번이나 북한 땅을 밟았다.

방문 경로는 동해안 속초에서 출발해서 배로 원전 건설부지가 있는 함경도 신포까지 가기도 했고, 중국 북경에 가서 북한 국적 항공편인 고려항공을 이용 평양으로 들어가기도 했다. 어떤 경우는 강원도 양양공항에서 우리 특별기편으로 휴전선을 넘어 바로 함흥 쪽으로 날아갔다. 판문점을 경유하는 육로편 이외에는 모든 경로를 이용해 본 셈이다.

북한 방문은 원전을 건설하고 있던 함경남도 해안에 위치한 신포 금호지구가 주 목적지였지만 실무협상을 위해 평양에도 여러 차례 갔다. 또 회의 시설이 잘되어 있던 평안북도 묘향산에 위치한 향산호텔에도 몇 차례 갔다.

평양 체제 중에는 회의 참석 외에도 때때로 북측이 주선한 방문행사에도 참석했는데 평양 시내의 눈 덮인 모란봉에도 올랐고 김일성 생가, 조선해방전쟁승리기념관, 만수대창작사 등 여러 곳을 가볼 기회가 있었다. 수만 명이 참가한 대규모 집단 공연인 아리랑 축전도 관람했다. 내가 한 40여 년의 외교관 생활 중 가장 기억에 남는 장면들이었다.

당시는 북한이 극도의 경제적 어려움을 겪으면서 식량난에 많은 주민들이 굶어 죽는 상황까지 갔던 소위 '고난의 행군(1996~1999)'을 갓 지난 시점이었다. 북한 전역은 가난에 지친 모습이 역력했다. 다만 우리 민족성 탓인지 사회주의가 그런 것인지 도시나 농촌이 모두 깨끗하고 잘 정리되어 있었다. 평양뿐만 아니라 내가 다녀본 함흥 등 큰 도시들과 버스를 타고 지나갔던 시골의 정경도 마찬가지였다. 고달프고 힘들어 보였지만 자존심은 남아있는 그런 모습… 그게 북한 땅의 당시 모습이었다. 나는 여섯 차례의 북한 방문 중 매일매일 그날의 모습을 노트에 메모로 남겼는데 여기에 그 메모들을 다시 풀어본다. 당시 상황을 이해하는 데 도움이 될 것 같아서다.

2 : 함경도 신포 원전 건설현장

첫 번째 방문(2002년 3월 20~26일): 함경도 양화항, 그리고 원전 건설현장인 금호지구

3월 18일 저녁, 우리 일행(경수로기획단)은 속초항에 도착해서 리츠칼호텔에서 1박을 했다. 일본 측의 나카가와(中川) 주뉴욕영사(동경대 법대 출신)도 뉴욕에서 속초로 와서 우리 일행에 합류했다. 19일 아침, 원전 공사현장인 신포로 출항 예정이었으나 폭풍주의보로 모든 배의 출항이 취소되어 하루 더 속초에서 묵게 됐다. 그 배(한겨레호)로 함께 떠날 예정이던 우즈베키스탄 근로자 158명도 발이 묶여 인근 통일연수원에서 1박을 했다. 한전의 변준연 부장(후에 부사장 역임)이 우즈벡 근로자 선발 과정을 소개했는데 자신이 우즈벡으로 날아가서 달리기, 모래 자루 들어올리기 등 체력 테스트로 우선 선발했다고 했다. 보수는 월 1백50불 규모(우즈벡 현지에서는 월급이 40불 수준). 3월 20일 새벽에 우즈벡 근로자 3명이 숙소를 무단이탈했는데, 아마도 돈을 더 벌 수 있는 서울로 간 것 같다고 말했다.

숙소인 리츠칼호텔 1층 로비 커피숍에서 후에 대통령이 된 민주당 노무현 의원과 우연히 만나 인사를 나누었다. 노 의원은 내가 KEDO 관련 사업을 위해 내일 북한으로 갈 예정이라고 하자 "KEDO 잘돼야지요!"라고 말했다. KEDO를 안다는 것에 우선 놀랐고 또 바로 잘돼야 한다고 하는 말에서 남북경협 사업에 대한 그의 생각을 읽을 수 있었다. 그는 민주당 대선후보 경선 준비를 위해 강원도를 방문하고 있는 것 같았다. 우리 옆 소파에서 몇몇 사람과 대화를 나누며 열심히 뭔가 설득을 하고 있었다.

3월 20일 9시 30분에 한겨레호에 탑승한 뒤 11시에 속초항을 출발했다. 4시간 정도 지난 15시경 함경도 신포 인근 양화항 해역에 도착했다. 조그만 통통배의 북측 검역선이 한겨레호에 접근한 뒤 의사가 배에 승선, 우리 일행 각자에게 홍역 예방 접종 여부 등 건강 상태를 물어봤다. 체온계를 넣고 맥박을 손으로 짚어 검사하는 것이 나의 어린 시절 시골 의사들의 모습 같았다. 40여 년 전으로 돌아간 듯…. 북한에서는 의사는 인기가 없고, 군관이 가장 인기 있는 직업이며 대우도 좋다고 했다. 16시 30분경 검역을 완료하자 한겨레호는 양화항으로 이동했으며 17시경 우리 일행은 모두 배에서 내렸다. 양화항 세관 검사소에서 소지품 특히 카메라, 필름, 가전제품 등에 대해 검사를 받았다.

양화항에서 북한 주민들을 처음 마주쳤다. 그들의 삶, 그 단편을 처음으로 여과 없이 볼 수 있었다. 자그마한 어촌 마을. 회색빛에 쓸쓸했다. 주변 산은 민둥산. 나의 어린 시절 어린아이 머리에 피부병이 나서 머리가 듬성듬성 빠져있는 그런 느낌과 비슷했다. 내가 상상했던 것보다 더 심각했다. 주민들은 겨울이라 두꺼운 옷을 겹겹이 겹쳐 입고 있었고 빨래를 못 해서인지 더러워진 옷을 그대로 입고 있었다. 어린아이들은 세수조차 하지 못해 꾀죄죄한 모습. 1960년대 나의 어린 시절 시골의 모습이 생각났다.

신포 금호지구 원전 건설현장으로 가는 버스 안에서 이곳저곳에 구호를 새긴 구호탑이나 플래카드를 보았다. '청춘의 심장, 멎는다 해도 장군님 품에 영생하리', '일편단심 김정일 동지만을 굳게 믿고 따라 참된 충신이 되자', '가는 길 험난해도 웃으며 가자', '위대한 수령 김일성 주석의 유훈을 관철하자' 등의 내용이 적혀있었다. 양화항에서 금호 발전소 건설현장까지 버스로 20여 분 걸렸다. 18시경 금호지구 숙소 도착. 금호지구 안에도 '21세기의 태양, 김정일 동지 만세'라는 구호가 설치되어 있었다.

KEDO 일행이 묵을 숙소동은 2층으로 된 깨끗하고 소박한 기숙사 형태의 연립주택들이었다. 공사현장에 나와있는 한전과 건설회사의 직원들이 이 숙소동을 쓰고 있었다. 경내에는 게스트하우스가 있어서 가라오케 시설이 있고 북한 여종업원이 일하고 있었는데 접대원들은 '심장에 남는 사람', '안해(아내)의 노래', '아침이슬' 등을 북한식 창법으로 잘 불렀다. 건설본부 한국 직원들과 말장난도 더러 했는데 '내일 아침 해보기 싫으세요?'라는 말은 우리 말로 '죽고 싶어요?'라는 의미로 쓰였다. 경내에는 기숙사 식당 이외에 '무등주점(우리 측 개설)', '옥류관(북한 측 개설)' 등 식당이 별도로 운영되고 있었는데 옥류관 내 선물가게에는 북한 술, 타월 등 조잡한 물건이 전시되어 있었다. 여종업원 이름은 금희나 은희 등 '금', '은'자가 많이 들어있었는데 북한 남자들의 이름에는 '철'(쇠)자가 많이 들어있다고 했다. 강인하다는 의미인 듯하다.

숙소에서 북한 TV 방송을 볼 수 있었는데 김일성 주석을 추모하는 내용('고난의 행군')이 방영되는 것을 보았다. 김일성의 부친 김형직이 아들이 15세 때 회중시계를 선물하며 '동지'와 '시간'을 강조했다는 이야기도… 금호지구 주변에는 소나무 숲이 잘 조성되어 있었는데 김일성이 80년대에 이곳을 방문하면서 잘 가꾸도록 훈시한 뒤에 조성된 것이라 했다. 금호지구 숙소에 연접한 해변 쪽으로는 하얀 모래사장이 길게 펼쳐져 있었다. 때 묻지 않은 자연의 정경이 펼쳐지고 있었다. 인적도 없었다.

3월 21일, 원전 건설현장을 시찰했다. 건설현장 관계자는 가장 선결과제가 도로 개설과 포장, 취수·정수시설, 발전소 전기시설, 시멘트 콘크리트 공장, 숙소 위락시설, 유류 저장고와 접안시설(물양장) 건설 등이라고 했다.

숙소에서 조금 떨어진 부지 한쪽에서는 암반을 깎는 발전소 부지 굴착공사가 진행 중이었다. 김중근 KEDO 현장대표(외교부 파견, 후에 주인도 대사 역임)는 북측 관계자들이 지난 5년 동안 뭘 했느냐며 불만이 많았는데 근래 발전소 굴착공사나 물양장(접안시설) 건설공사를 본 후 생각이 많이 달라진 것 같다고 설명했다. 김중근 대표는 공사현장과 서울 간의 전용 통신회선 건설 필요성을 이야기했다. 통신량이 점점 많아지고 있는데 기존 통신회선은 속도가 너무 느려 전용 통신회선 필요성이 시급하다고 했다. 그런데 북측은 정보 교류 등에 대한 두려움과 함께 자신들의 통신회선을 이용하지 않을 경우의 외화 수입이 없어지는 것에 대해 걱정하는 것 같다고 했다.

숙소에서 건설현장으로 가는 도중에 북한 주민들의 모습을 볼 기회가 있었다. 여성들은 거의 낡은 점퍼와 바지 차림이었다. 얼굴은 예외없이 머플러를 감싸고 있었는데… 10월부터 5월까지는 추위 때문에 그렇다고 했다. 머리에 물건을 얹고, 등에는 보따리 짐을 지고 걸어가는 아낙네들이 많았다. 지방에서는 수송수단이 주로 자전거, 소달구지, 조그마한 리어카라고 했다. 우리를 안내한 현장의 이정일 건설본부장은 북한에서 제일 불쌍한 것은 '여성과 소' 같다고 말했다. 소도 잘 먹이지 못해 비쩍 말랐다. 신랑감으로서의 인기가 가장 많은 직업은 군관과 운전수, 인기 없는 직종은 의사 등이라고 했다.

3월 22일 9시, 평양으로 가기 위해 함흥 선덕비행장으로 떠났다. KEDO 소유 버스를 타고 공사현장인 금호지구를 출발해서 신포시와 홍원 등을 거쳐 12시 30분경 함흥시 소재 신흥산려관에 도착해 점심을 먹었다. 신포에서 함흥으로 가는 3시간여의 버스 여행에서 다시 북한 주민들의 모습을 곁눈질할 수 있었다. 북한의 남루한 모습은 1960년대 내가 자랐던 가난한 시골의 모습 같았다. 나는 평양이 아닌 지방 주민들의 생활 모습에 특히 관심이 갔다.

식사 후 함흥 선덕공항으로 이동했는데 황사가 심해 평양으로 우리 일행을 태우고 갈 전세기가 이륙하지 못하는 상황이 발생했다. 평양까지 육로로 가는 방안(버스편 7시간)도 고려하는 것 같았는데 마침 함흥 일대의 전화 불통으로 평양과의 통화가 원만치 않아 상부 허가를 받지 못한 것 같았다. 사실 나는 북한 지방의 모습을 더욱 생생하게 볼 수 있는 육로 여행을 내심 기대했는데 아쉬웠다. 할 수 없이 16시경 함흥 신흥산려관을 떠나 3시간 정도 걸려 금호지구로 다시 돌아왔다.

함흥 시내의 모습은 내가 1984년 루마니아 수도 부카레스트를 방문했을 때의 인상과 비슷했다. 넓은 거리에는 사람들이 거의 보이지 않았으며 사회주의식 아파트들이 줄지어 서 있었다. 단조로운 주거환경에도 불구하고 거리는 깨끗이 청소되어 쓰레기 등 지저분한 모습이 없었다. 중심은 광장으로 조성되어 김일성 동상이나 김일성의 교시 내용을 새긴 화강석 등이 보였다.

　버스를 타고 왕복 6시간이 넘는 여행 중에 함경도의 북한 주민들의 모습을 꽤 볼 수 있었다. 논밭의 노동인력으로는 여성들이 주로 동원되고 있었다. 삽과 괭이, 대야(플라스틱 등)를 들고 함께 이동하는 모습이 보였다. 소달구지로 흙을 실어와 도로에 뿌리는 식의 도로 보수 공사도… 난방을 위한 땔감 확보 행렬도 보았다. 나뭇조각들을 구해 조그마한 리어카에 실어가거나 머리에 이고 가는 모습이 눈에 많이 띄었다. 겨울에 전기, 석유 등이 없어 속수무책인 듯했다. 겨울옷(점퍼, 바지 등)을 그대로 입은 채 잠도 자고 일도 하는 듯 저마다 옷들이 꾀죄죄하고 더러워 보였다. 따뜻한 물로 샤워하는 것은 생각할 수도 없는 상황이었다.

　신포역 등 정거장에는 난민 행렬 같은 모습의 승객들이 보였다. 이불 봇짐을 챙겨 웅크리고 있는 모습들… 하나 나에게 기괴한 인상으로 남아있는 것은 새로 생산한 대포로 보이는 큰 무기들이 덮개가 없는 화물칸에 실려 남쪽으로 천천히 움직여 가는 모습이었다. 현실 같지가 않고 마치 영화 속의 한 장면을 보는 것 같았다. 함경도 어딘가 무기 생산공장에서 만든 대포들이었을 것이다. 한쪽에는 주민들이 굶주리고 다른 한쪽에는 최신 무기들이 생산되고….

　내가 원전 건설부지를 떠나 외부로 이동할 때는 항상 전담 안내원이 동행했다. 나를 전담 마크했던 안내원 최광철은 김일성종합대학에서 컴퓨터를 전공한 40대 초쯤 되어 보이는 사내였다. 얼굴이 약간 사나운 모습이었는데 평양에 거주하며 7세 된 아들 하나가 있다고 했다. 버스를 타고 가는 동안 내 옆자리에 앉았는데 한국의 사정에 대해 비교적 잘 알고 있는 듯했으며 전기 부족 등 북한의 어려운 경제사정을 인정했다.

제주도가 정말 좋다는데 한번 가고 싶다고 말했다. 남측에서 말하는 개방, 우리도 많이 했다고 말하면서 김정일 위원장도 미북 관계만 괜찮으면 한국에 갈 수도 있을 것이라고 말했다. 그는 경수로 원전 사업이 그간 부침과 우여곡절이 많았는데 돈을 대부분 남한이 내는 것은 알고 있지만, 북미 간 합의에 근거해 시작된 만큼 북미 관계의 악화가 경수로 사업에 영향을 미치지 않을 수 없다고 말했다. 그는 경수로가 2008~2009년이 되어야 완공된다는데 그때까지 잘 진행될 수 있을지 걱정을 했다.

함흥 신흥산려관에서 점심을 먹을 때는 대외무역총국 직원이라는 사람이 "남쪽에 아는 사람이 많습니다"라고 하면서 말을 걸어왔다. 여행 중 체제의 경직성을 느낄 수 있는 일들이 많았다. 신흥산려관 로비 정면에 걸려있던 김일성 대형 유화를 배경으로 사진을 촬영하려 했을 때 안내원 최광철이 난처해하며 개입했다. 사진을 찍을 수 없는 것은 아니나 "정치적으로 찍어야 한다"고 말했다. 김일성의 사진이 일부분 잘려서 찍힌다든가 하는 것은 곤란하다는 이야기였다. 불경스러워서는 안 된다. 모든 것을 상부 지시에 따르기 때문에 우리가 생각하는 자발성, 창의성, 유연성 같은 게 없었다. 신고와 비판이 두렵고 귀찮은 듯했다.

　3월 23일 토요일, 하루는 부지 내 숙소에서 쉬었다. 3월 24일 일요일, 부지 내 간이 성당 미사에 참여한 후 한전 관계자(이정일 소장)로부터 근로 인력 상황에 관해 설명을 들었다. 현장에는 파란 안전모를 착용한 우즈벡 근로자들과 함께 노란 안전모의 북한 근로자 1백여 명도 일한다고 했다. 북한 근로자들은 식량 부족으로 아침은 거르고 오는 것 같은데 그래서 그런지 KEDO 측이 제공하는 점심은 우리 근로자의 평균 3배는 먹는 것 같다고 말했다. 퇴근 후 저녁 또한 굶는 것 같다는 것이 현장 관계자의 설명이었다. 북한 근로자들의 체력이나 힘이 우리 근로자나 우즈벡 근로자에 비해 많이 떨어진다고 말했다. 그러나 자존심은 매우 강하다고… 작업복 부착물에 영문 표기가 된 것(Hyundai, Daewoo 등)에 시비를 걸어 부착물을 떼어낸 뒤 입고 있다고 했다.

　북한의 일반 근로자는 월 110불, 숙련 근로자는 월 200불을 지급하는데 북한 측이 임금 인상을 요구한다고 했다. 북한 측은 도로 포장 시 '돌격대'를 이용하면 금방 할 수 있다고 큰소리를 쳤는데 막상 우리 측이 일하는 것을 보고는 감탄했다고 했다. 북한 근로자들은 트럭 등 차량 운전 시 꼭 2명이 함께 탄다고 한다. 그 이유는 차량에서 오후 4시의 한국 라디오 방송 청취가 가능한데 1명만 탈 경우 몰래 청취할 것을 두려워하기 때문이라고 했다.

　3월 25일 9시, 평양으로 가기 위해 현장 버스를 타고 함흥 선덕비행장으로 다시 출발했다. 도중에 터널인 령봉굴을 지났다. 2㎞ 터널 구간에 전기가 없어 칠흑 같은 어둠이 계속됐다. 버스 운전기사는 헤드

라이트에만 의존해 버스를 운행했다. 터널 속에서 간혹 트럭, 자전거 등도 보았는데 캄캄한 어둠 속이라 대단히 위험해 보였다. 함흥 가까운 국도에서 어떤 소녀가 아버지인 듯한 환자를 겨울 이불로 뒤집어씌운 채 소달구지에 태워 시내 쪽으로 이동하는 모습을 보았다. 병원에 가는 듯… 전투기들이 도열해 있는 군용 비행장도 멀리 보였다.

눈에 덮인 함흥 시내에 진입했다. 넓은 도로, 사회주의형 아파트 단지, 인적이 거의 없는 스산한 모습. 시내 공원 속 거대한 김일성 동상(금빛)도 추위에 떨고 있었다. 12시 신흥산려관 도착 후 오찬. 동행한 나카가와 주뉴욕 일본영사는 "북한이 내가 생각했던 것보다 낫다. 거리가 깨끗한 점이 가장 인상적이다. 행복할지도… 자기가 이전에 근무했던 방글라데시, 파키스탄보다 주민들이 훨씬 질서의식이 높아 보인다. 생활 수준을 한국과 비교하는 것은 무리다. 잘 정리된 농지 등을 볼 때 일본의 농어촌 전문가들이 보면 군침을 흘릴 것 같다. 잠재력이 매우 커 보인다"고 언급했다. 행복할지도 모른다는 언급이 특히 기억에 남아있다.

14시, 함흥시 외곽 선덕비행장에 도착했다. 낡고 초라한 모습의 군용 프로펠러기 10여 대가 보였다. 고려항공 비행기 몇 대도 있었다. 강풍으로 비행기 출발이 지체됐다. 날아갈 수 있을까? 16시 30분에 선덕공항을 출발해서 평양으로 날았다. 창밖으로 내려다보이던 북녘의 산하… 헐벗은 산 위에 덮인 희끗희끗한 눈들… 갑자기 탈북한 북녘 동포들이 이야기하던 악명 높은 요덕수용소가 이 아래 어디에 있는 것이 아닐까 하는 상상을 했다. 아래쪽에 펼쳐지던 산맥들에 자꾸 눈길이 갔다.

1시간여 비행 끝에 17시 30분 평양 순안공항에 도착했다. 고려항공 소속 민항기 10여 대가 보였다. 외국 비행기는 없었다. 우리 일행을 마중 나온 버스를 타고 18시에 순안공항을 출발했다. 평양 시내까지는 22㎞ 거리. 도로변이 깨끗하며 주변 아파트들도 잘 정리되어 있었다. 지방도시들과는 분위기가 많이 다르다. 금수산 기념궁전(김일성 시신이 안치된 곳)을 지나쳤다. 좋은 위치, 근사하다. 주변 담장을 학을 새긴 화강석(1천여 개)으로 새로 단장했다고 했다. 경제가 이렇게 어려운데 이런 곳에 돈을 쓰다니… 김일성종합대학도 지나쳤다.

　　18시 30분에 평양 시내에 진입했다. 아름다운 공원도시의 인상. 사진으로 본 각종 기념탑 등 거대 조형물… 실제가 더 아름다워 보였다. 교통 체증이 전혀 없었다. 고려호텔에서 쇼핑 및 44층 타워 관람. 저녁 7시경이었는데 전기 부족으로 시내가 전반적으로 매우 어두웠다. 서울 같은 가로등이나 광고물 불빛은 전혀 없었다. 아파트 창문으로 나오는 희미한 불빛만 보였다.

　　고려호텔에서 출발해 포장된 시골 도로를 한참 달린 뒤 20시경 고방산 초대소에 도착했다. 중국 북경의 조어대 같은 느낌의 건물 1개 동. 의례원들은 모두 한복차림에 고운 이미지다. 저녁 후 여성접대원들과 함께 가라오케.

　　다음 날, 일행들과 함께 평양 시내에 위치한 모란봉을 올랐다. 고등학교 교과서에 실린 이은상 시인의 수필에서 읽었던 그 유명한 모란봉… 서울의 남산보다 훨씬 낮은 아담한 산등성이다. 높이 140m. 정상의 을밀대로 올라가던 눈 덮인 산책로 주변에 3명의 장년(남자 1, 여자 2명)이 쪼그리고 앉아 대화를 나누고 있는 모습이 보였다. 추운 겨울

인데 도시락통을 길바닥 위에 꺼내 놓고… 보리밥과 무말랭이, 김치가 보였다. 너무나 초라한 행색. 가슴이 아팠다. 평양이 이런 모습이니… 다른 곳에서는 만날 수 있는 곳이 없었을까? 한편으론 정상인 을밀대 근처를 지나가던 젊은 커플도 보았다. 옷차림과 행색으로 보아 북한의 좋은 집안 출신들로 보였다. 내가 말을 걸었으나 손사래를 치며 그냥 지나갔다. 조심하는 것으로 보였다.

두 번째 방문(5월 7~11일):
묘향산 입구 향산호텔, 김정일국제친선전람관, 아리랑 축전 관람

5월 7일, 북경에서 고려민항편을 타고 13시 30분 평양공항에 도착했다. 부슬비가 내리고 있었다. 아리랑 축전을 참관하려고 외국 관광객들이 탄 듯 비행기는 승객들로 만석이었다.

향산호텔로 이동하기 위해 KEDO 대표단 일행과 함께 평양-향산 고속도로를 탔다. 고속도로에는 거의 차량이 없었고 사람들도 눈에 띄지 않았다. 북한에서 건설된 첫 고속도로라고 했다. 평안북도 묘향산 입구에 있는 향산호텔에 도착했다. 강원도 설악산 입구 설악동에 도착한 느낌. 호텔도 피라미드형의 설악파크호텔과 흡사했다.

5월 8일 9시부터 12시까지… 그리고 14시부터 16시 30분까지… 북측 대표단과 원자력 손해배상 문제를 협의했다. 미국, 일본, 한국, EU 등의 원자력 손해배상 분야의 전문가들로 구성된 KEDO 대표단은 전날 자정까지 북측과의 협상, 특히 북측이 사전에 의문을 제기한 사항에 대한 답변을 준비하는 등 열심이었다. 우리 측의 당초 우려와 달리 북측은 원자력 손해배상 조약 초안에 대해 공부를 많이 한 듯 매우 진지하게 협의에 임했다. 특히 협의를 지연시키겠다는 모습은 전혀 없었으며 오히려 협상을 빨리 타결시켜 하루라도 빨리 경수로를 완공해야겠다는 마음이 느껴졌다. 회의 진행과 관련 우리 대표단 내부에서 갈등이 발생했는데 단장인 리치(Mr. Riche) 미국 법률고문과 미 국무성측 보스켄(Mr. Bosken, 핵물리학자, 80년대 중반 주한 미국 대사관 근무)은 각각 나를 찾아와 상대에 대한 불만을 표시하며 하소연을 하기도 했다.

5월 8일 16시 30분, 회의 종료 후 북측에서 KEDO 협상 대표단장에게 아리랑 축전 관람을 제의했다. KEDO 사무국, 미국, EU, 일본 대표단은 모두 참관을 강하게 희망하면서도 한국 대표단의 결정에 따라 행동을 통일하겠다는 입장을 전해왔다. 우리 대표단에서는 가장 시니어인 내가 입장을 결정해야 했다. 한국 대표단 내부토의 시 공무원이 이런 북한 행사에 참관해도 괜찮은지 반대 의견도 있었으나 내가 최종적으로 참가 쪽으로 방향을 잡았다. 당시 우리 정부는 한국인들의 아리랑 축전 참관을 금지한다는 입장이었는데 나는 우리가 KEDO 대표단의 일원으로 참가한다는 명분을 내세웠다. 한국의 반대로 다른 대표단이 참석지 못하는 곤란한 상황도 고려했고 그간의 북측의 경수로대상 사업국과의 우호적 분위기도 살폈다. 특히 외국 대표들에게 한국이 이런 문제에 대해 편협한 인상을 주고 싶지 않았다. 적을 이기려면 먼저 적을 알아야 한다. 언제 이런 기회가 오겠는가? 단장인 리치 법률고문은 나에게 개인적으로 감사의 뜻을 표시했다.

5월 9일, 향산호텔 바로 인근에 위치한 김정일국제친선기념관

(1996년 개관)을 방문했다. 대표단 중 다른 희망자가 없어 나 혼자 가게 됐다. 왜 이런 좋은 기회를 흘려버리는지 이해할 수가 없었다. 시간상 둘 중 하나를 선택하라는 북측 제의에 김일성국제친선기념관(1985년 개관, 2만8천 평 규모) 관람은 포기했다. 김일성국제친선기념관은 이전에 관람한 사람들이 있었을 것으로 생각되어 비교적 근년에 개관해서 참관한 사람이 거의 없을 것 같은 김정일 쪽을 택했다.

김정일국제친선기념관은 부친인 김일성 사망 직후인 1994년 착공해서 1996년에 완공했다고 했다. 산을 옆으로 파고 들어간 거대한 터널 내 시설로 7만m^2(2만 평이 넘는 면적) 규모로서 5만여 점의 선물을 전시하고 있다고 했다. 부친인 김일성과 같이 김정일 우상화가 목적인 듯했다. 기념관 정문 출입문을 지나자 메인 홀에 흰색의 거대한 김정일 입상이 있었는데 위에서 빛을 쏘아 신비한 분위기를 자아내고 있었다. 안내원 두 명은 그 앞에서 머리를 숙여 인사하였으나 나는 안내원들의 사전 양해하에 인사하지 않고 그냥 지켜보았다.

여러 전시 공간 중 '남조선 선물' 기념 공간이 가장 볼만했다. 현대가 선물한 그랜저 승용차, 정주영 회장이 선물했다는 조그마한 금 세공품(송아지), 정몽준 의원이 선물한 골프채, 삼성 이건희 회장이 선물한 대형 TV, LG가 선물한 가전제품, 대우 김우중 회장이 선물한 금 세공품(송아지)과 은수저 등 밥상기 등이 전시되어 있었다. 에이스침대 회장(사리원이 고향)이 선물한 침대, 소파도 있었다. 김대중 대통령이 선물한 대형시계는 양 정상이 함께 찍은 사진을 배경으로 전시되어 있었고 기타 한국 각계요인들의 선물도 있었다. 자동차나 소파 등 큰 덩치의 선물 이외에 작은 크기의 선물들은 나무로 제작된 선반에 기증자의 이름과 함께 전시되어 있었다. 차지하고 있는 면적으로는 중국 선물관이 가장 컸는데 중국 각성의 성장 등이 보낸 대형 도자기 등이 진열되어 있었다.

국제친선전람관과 아주 가까운 곳에 위치한 향산 초입의 보현사도 호기심이 발동해서 안내원에게 별도로 요청해서 방문했다. 10세기경인 고려 시대에 창건된 사찰로서 서산대사 등이 활동했던 곳이다. 한복 입은 부인들이 매표구를 지키고 있었으나 경내에 스님은 보이지 않았다. 문화재로서 보존되고 있는 수준. 조용하고 쓸쓸했다. 절 마당을 쓸고 있던 소녀의 남루한 모습이 기억에 남아있다.

5월 10일 오후, 향산호텔에서 평양으로 돌아와 저녁에 능라도 5.1(노동절)경기장에서 열린 아리랑 축전 공연을 관람했다. 각자 40달러 정도의 관람료를 부담했다. 능라도는 대동강 안의 섬으로서 서울의 여의도 같은 곳이었다. 15만 명 수용이 가능하다는데 스타디움 외형이나 내부 모두 균형감이 부족했다. 관람석 스탠드에 앉으니 너무 아래가 가팔라 불안하게 느껴졌다. 경기장의 외모, 디자인, 시설 등 모두 촌스럽다는 느낌이었다.

'아리랑 축전'은 대규모 집단체조와 예술공연으로 구성되어 있었다. 김일성 탄생 90주년을 기념해서 우리 민족이 고난과 역경을 극복해 가는 과정을 주제화한 것이라 했다. 카드섹션(순간적 화면의 변화… 영화를 보는 듯)과 무용, 아크로바트, 군사시범 등을 관람했다. 엄청난 훈련 없이는 불가능한 동작들로 느껴졌다. 카드섹션에만도 수만 명이 동원된 듯 보였다. 기계 같은 규율. 북한만이 할 수 있는 일. '극장국가(Theater State)'의 전형을 보는 듯했다.

외국인석에는 조총련, 재일동포 학생 등이 있었다. 서양인은 KEDO 대표단 이외에는 거의 보이지 않았다. 행사가 끝나고 공연에 참가한 어린 학생들이 캄캄한 어둠 속에 김정일 찬가 같은 것을 부르며 대열을 지어 집으로 돌아가던 모습이 생생하다. 그로테스크한 분위기. 밤에 잠을 설쳤다.

세 번째 방문(7월 16~20일): 향산호텔 회의

7월 16일, 북경에서 고려민항편을 탔다. 타는 순간 긴장이 풀리는 느낌. 특이했다. 기내 음악으로 주로 동요 같은 게 흘러나왔는데… 내가 어릴 때 불렀던 '낮에 나온 반달(1927년 발표, 윤석중 작사, 홍난파 작곡의 동요)'이 은은히 흘러나왔던 기억이 난다. '낮에 나온 반달은 하얀 반달은, 해님이 쓰다 버린 쪽박인가요, 꼬부랑 할머니가 물 길러갈 때, 치마끈에 딸랑딸랑 채워줬으면…' 느리게 산다는 것의 의미를 느끼게 했다. 북한에 있는 동안 늘 느낀 것이지만 북한의 모든 삶은 느리게 흘러갔다. 정신없이 지내온 서울에서의 그것과는 너무나 차이가 컸다.

평양 도착 후 바로 향산호텔로 직행했다. 며칠간 계속 향산호텔에 체재하면서 북측과 회의를 했다. 그리고 점심 또는 저녁 시간에 안내원 또는 호텔 접대원들과 대화할 기회가 있었다.

7월 19일 저녁, 북한 TV에 논평해설위원이 나와 남한에 레드 콤플렉스(Red Complex)가 없어졌다고 해설했다. 2002년 5~6월 서울 FIFA 월드컵 당시 한국 응원단들이 대거 붉은 셔츠를 입고 나와 '붉은

악마'로 불린 현상을 빗대어 하는 말이었다. TV는 서울시청 앞 광장 사진과 '미국 쳐부수자'는 플래카드 사진이 담긴 화면을 함께 내보냈다.

북측 관계자는 월드컵 당시 한민족의 자긍심을 느꼈다고 말했다. 서해교전에 대해서는 한국을 비난하지 않고 미국이 나쁘다고 설명했다. 미국, 일본이 철천지원수로서 조국해방전쟁도 미국 때문에 일어났다고 말했다. 한국에 대한 직접 비난은 삼가는 모습이었다. 한편으론 한나라당 대표인 이회창은 어떤 사람이냐? 이회창이 되면 남북관계가 어떻게 되겠느냐는 문의도 했다. 김일성대 역사학과를 나왔다는 한 북측 관계자는 요즈음 우리가 이렇게 어려운 것은 수령님(김일성)을 잘못 모셔서 하늘이 벌을 내리는 것인가 하는 생각이 든다고도 말했다.

북한에서는 군관의 인기가 최고라고 했다. 성전에 참가하고 있는 가장 영예로운 직업으로서 어디에 가도 대우(사회적 지위나 보수 등)를 받는다고 했다. 선군정치의 영향인 듯했다. 결혼 상대로도 최고라고 했다. 그런데 북한의 경수로 원전 업무 관계자, 외교관, 과학자, 김일성종합대학 출신, 김책공대 출신들은 대부분 군대에 안 가는 것 같았다. 엘리트들은 군대에 안 간다는 이야기다. 잘 이해가 되지 않았다.

네 번째 방문(9월 10~14일): 향산호텔 회의, 북한의 변화

평양으로 출발하기 하루 전인 9월 9일, 북경에서 지인인 싱하이밍 조선처장(후에 주한 대사 역임)과 만찬을 하면서 그로부터 북한 정세에 대한 설명을 들었다. 그는 현재 김정일 위원장의 최측근이라고 할 수 있는 사람들은 군부에서는 조명록, 당에서는 김기남, 외교부에서는 강석주 그리고 내각에서는 연형묵 총리라고 했다. 그리고 백남순 외상은 조평통 서기국장 출신으로 실권이 없다고 했다. 미국 및 한국 일부에서 거론되던 북한의 조기 붕괴 가능성에 대해서는 매우 부정적이었다. 김정일이 건재하는 한 붕괴 가능성이 없다는 분석이었다.

9월 10일 화요일, 북경에서 평양으로 가는 고려민항기를 탔다. 남북관계와 일북 관계가 모두 해빙 무드여서인지 KEDO 관계자 이외에도 한국인, 일본인 승객이 많았다. 한국에서는 박영선 앵커(후에 국회의원, 중소벤처기업부 장관), 김현경 통일부 출입기자 등 MBC 북한 취재팀 20명도 동승하고 있었다. 또 우메모토 전 일본 외무성 북동아과장(당시 주영공사) 그리고 이소자끼 수행원(현 게이오대 교수, 한반도 문제 전문가) 등 고이즈미 일본 총리 방북 준비 외무성 대표단도 동승하고 있었다. 한국에서 옥수수 박사로 잘 알려진 김순권 교수도 보였다.

나는 그 비행기에 북한최고인민회의 부위원장 양형섭(1925년생, 김일성의 사촌 매부)이 탄다는 것을 사전에 알고 있었다. 전날 만찬 시 싱하이밍 조선처장으로부터 들은 것인데 남아공에서 개최된 지속가능정상회의에 참석한 후 귀로에 북경을 거쳐 귀국하는 것이라고 했다. 내가 지인인 MBC 박영선 앵커에게 귀띔하자 그는 절호의 기회를 놓치지 않았다. 제일 앞좌석에 타고 있던 양형섭에게 자신을 소개하고 인터뷰를 요청하자 뜻밖에 양형섭은 즉석 인터뷰에 응했다. 당시의 우호적인 남북 관계를 보여주는 것 같았다. MBC TV 카메라맨이 인터뷰를 촬영했다. 나도 김현경 기자의 요청에 따라 기내에서 인터뷰를 했다. 무슨 일로 북한에 가는지, 북한이 변하고 있다고 생각하는지, 북한이

KEDO 사업을 어떻게 생각하고 있는지 등의 질문이 이어졌다.

9월 10일, 나의 전담 안내원이던 주영하(김일성대 컴퓨터학과)와의 대화에서 북한의 봉급 인상 및 배급제도에 대한 설명을 들었다. 전국적으로 시행되고 있으며 아무 문제 없이 잘 시행되고 있다고 했다. 식량의 경우 부족하므로 구입할 수 있는 양이 할당되어 나오나 구입은 정부가 정한 현실화된 가격으로 구입한다고 설명했다. 농민시장 등에서 별도로 구입할 수도 있으며 인플레 등의 문제는 일어나지 않고 있다고 말했다. 일정 수확량 이상을 생산자가 가질 수 있고 농민시장에서 팔 수도 있어 생산의욕을 북돋우고 있으며 농민들에게 가장 혜택이 간다고 설명했다.

중앙과 지방의 격차 해소를 위해 지방 근로자(광산 등)들의 임금이 상대적으로 더 높이 인상되어 지방과 중앙의 임금 차가 거의 해소됐다고 말했다. 이번 조치의 배경은 '공짜를 없앤다', '생산하는 사람에게 그만큼 더 혜택을 준다'는 관점에서 시작된 것이라고 설명했다. 김일성 생존 시부터 검토되어 온 것으로 지난 수년간의 준비 기간을 거쳐 시행된 것이며 자본주의로 가자는 것이 아니라 사회주의의 올바른 시행이라는 설명이었다. '장군님의 결단'이라고 말하며 진작부터 시행되었어야 할 제도라고 말했다. 향산호텔 내 매장에도 기념품의 가격이 달러 환율(1달러 150북한원)에 맞춰 인상되어 있었다.

경수로대상사업국(GBOK) 문금철(김일성종합대학 출신)로부터 북한의 젊은 세대 발탁 동향에 대해서도 들었다. 그는 북한 외무성에 35세, 37세 등 30대 국장이 몇 명 있다고 말했다. 내각에도 능력에 따른 파격적 발탁이 많다고 언급했다. 각료 중에 39세인 사람도 있다고 했다. 김정일 위원장이 능력에 의한 발탁을 강조하고 있어 나이가 위라고 뭉개고 자리에 앉아있는 것은 과거의 일이라고 말했다.

향산호텔 바에서 만난 중국 선양 소재 여행사의 중국 직원은 나와의 대화에서 "북한은 너무너무 가난하다"고 몇 번이나 강조했다. "당신이 상상하지 못할 정도다. 그럼에도 김정일이 건재하는 한 북한의 붕괴 가능성은 없다. 조기 통일 가능성도 없다. 김정일 일인체제 변화 가능성도 전무하다. 북한의 경제 발전이 요원하기 때문"이라고 말했다.

향산호텔 내에서 안마사로 일한다는 한 아주머니(40대)와도 조심스레 대화할 기회가 있었는데 그는 김일성 주석에 대한 엄청난 존경의 마음을 표시했다. 어릴 때 평양에 거주했는데 외국 귀빈 방문 시 일요 행사에 많이 나갔다고 했다. 김일성 주석의 항일혁명투쟁 당시의 고생, 그 인격 등을 생각하니 먼발치서 봐도 저절로 눈물이 났다고 말했다. 돌아가신 뒤에도 많이 울었다고 했다. 그런데 내가 김정일 위원장에 대해 물으니 아무 대답이 없었다. 지금의 어려운 상황을 생각하면 김일성 주석 시절이 더욱 그립다는 느낌인 것 같기도 했고… 하여튼 김정일 위원장에 대해서는 언급하는 것 자체를 두려워하는 것 같았다.

저녁 식사 후 향산호텔 로비에서 북한 TV를 시청했다. 저녁 5시경에 '김정일 장군의 노래(군악대 및 합창단 연주)'로 프로그램이 시작됐다. 내용은 김정일 선전 우상화였는데 김정일을 찬양하는 대화(아이 이름을 '축복'으로 지어주셨다 등)와 비전향 장기수 출연 프로그램, 그리고 김정일의 북청 등 지방 시찰 프로그램(농장, 문화유적지, 혁명 사적지, 광산 등)이었다. 김정일의 방문 소식을 듣고 농사를 짓던 농민들이 뛰어나오며 환영하는 장면, 선전원이 울먹거리는 장면 등 모두 연출된 모습으로 보였는데 노예 같은 비참함이 느껴졌다.

  그런데 재미있는 것은 저녁 식사 시간 후 호텔 로비 의자에 둘러앉아 연속극 같은 것을 보던 많은 호텔 종업원들이 김정일 우상화 선전 프로그램이 나오자 우르르 일어나 떠나버리는 것이었다. 그들도 선전 우상화 프로그램은 지겨워하는 것이 틀림없었다.

3 : "통일이 언제쯤 될 것 같습니까?"

우리 대표단 일행은 휴식 시간에는 때때로 향산호텔 2층에 있는 바에서 간단한 음료를 마시며 북측 접대원과 대화를 나누곤 했다. 어느 날, 나는 바 카운터에서 20대 여성 접대원과 대화를 나누면서 북한에서 제일 하고 싶은 게 뭐냐고 물어본 적이 있다. 그녀는 평양에 가보는 게 꿈이라고 했다. 그러면서 "평양은 공화국의 수도이고 또 장군님이 계시는 곳이기 때문"이라고 말했다. 그렇게 대화를 이어나가던 중 이 접대원은 나에게 "통일이 언제쯤 될 것 같습니까?" 하고 문의했다. 내가 즉흥적으로 "빠르면 5년, 늦어도 50년 이내"라고 대답하자 이 접대원은 "저에겐 5년도 너무 길게 느껴집니다. 왜 통일이 안 됩니까? 미국 놈들 때문입니까?"라고 반문했다.

이 접대원은 향산호텔에 드나드는 KEDO 대표단이나 여타 외국인들을 통해 외부 세계, 특히 한국의 발전상을 듣고 동경하고 있었던 게 틀림이 없었다. 당시 북한 사람들에게 통일이라는 것은 단순한 구호 이상으로 현재의 고통, 어려움을 잊게 해주는 마약 같은 것으로 느껴졌다. 통일이 되어 빨리 발전된 남쪽 땅으로 가보고 싶다는 생각… 남조선 해방 같은 말은 더 이상 쓰지 않았다. 통일과 미 제국주의자라는 두 단어 중 하나는 목표와 이상향, 다른 하나는 현재의 어려움의 원인 같았다.

저녁 식사 후 향산호텔 로비를 걸어 나와 호텔 앞으로 뻗어있던 하천을 따라 혼자 걸었다. 어둠 속 하늘에서 무수한 별들이 쏟아졌고 정적 속에서 개울물 소리만 들려왔다. 그렇게 많은 별들이 쏟아지는 것을 본 것은 어릴 적 시골 큰집 마당의 멍석 위에 누워 쳐다본 하늘의 별들 이래 처음이었다. 한참 혼자 걸었던 것 같은데 멀리 향산 마을의 불빛이 희미하게 보였다. 갑자기 정신이 번쩍 들고 덜컥 겁이 나서 되돌아 왔다.

9월 14일, 고려민항기를 타고 북경으로 돌아왔다. 신의주에서 단동 쪽으로 가는 상공을 통과한 것 같았는데 넓지 않은 강(압록강) 사이로 양쪽 도시가 있는 것이 보였다. 하늘에서 본 강폭은 매우 좁았다. 강 중간의 위화도의 모습도 보였는데 두 나라 사이의 경계로 느껴지지 않았다.

다섯 번째 방문(10월 15~17일): 고방산 초대소, 그리고 평양 시내 관광

10월 15일, 14시 30분 특별기편으로 강원도 양양공항을 이륙했다. 직접 휴전선을 넘어 함흥 선덕공항으로 날아갔다. 남북 간 동해 항로 첫 비행이었다. 군사분계선을 바로 넘어야 하므로 남북 군사당국 간 사전협의가 필요한 것이었다. 2년 전인 2000년 6월 김대중 대통령의 방북 때 동해 직항로를 이용한 적이 있지만, 서해 직항로는 이때가 처음이었던 것 같다. 사전에 북측과 협의된 것이었지만 휴전선을 넘을 때 기분이 이상했다.

15시 40분 선덕공항에 도착했다, 경수로기획단 대표들 외에 원전공사 현장인 금호부지로 가는 1백여 명도 동승했는데, 이들은 선덕공항에 도착한 후 별도로 공사현장으로 갔다. 16시 25분 선덕공항을 이륙해서 평양으로 날아갔다. 하늘에서 내려다본 아래쪽은 산, 산, 산이다. 불그스레한 단풍의 산들. 멀리서 보니 모든 게 아름답다. 잘 정리된 시골 마을들. 사회주의식 집들의 정렬, 정돈. 성냥갑들을 잘 정렬해 놓은 것 같다.

16시 55분 평양 순안공항에 도착한 뒤 입국 수속 후 바로 평양 외곽 고방산 초대소로 이동했다. 평양 순안공항에는 부산아시안게임(2002년 9월 29일~10월 14일)에 참가한 북측 선수단이 같은 시간에 도착해 입국 수속을 받고 있었다. 작은 키의 어린 체조선수들은 가는 손목에 어울리지 않는 큰 롤렉스 금시계 같은 것을 차고 있었는데 장군님(김정일)이 주신 선물이라고 자랑했다. 아무래도 중국산 가짜 롤렉스 같아 보였다. 키다리 농구선수 이명훈도 보았다. 우리 KEDO 대표단은 북측 검색기를 그냥 통과했는데 오히려 북한 선수단은 까다로운 절차를 거치고 있었다.

10월 16일 수요일, 아침 일찍 산책하는 기분으로 혼자 초대소 정문 쪽으로 걸어 나왔는데 어느새 중년 남자가 따라붙었다. 자신을 초대소 소장이라고 소개한 이 중년 남자와 한참 동안 대화를 나누었다. 그는 '고난의 행군' 시기가 제일 어려웠던 때라고 말했다. 소련의 붕괴로 인한 원조 중단과 수해와 홍수 등 자연재해, 그리고 흉작 등이 겹쳐 극심한 식량난, 전력난에 시달렸다고 말했다. 굶어 죽은 사람들도 많았다고 했다. 그는 한국의 발전을 잘 알고 있다고 하면서 한국 경제가 일본을 앞선 것같이 과장되게 이야기했다.

초대소 접대원들은 자신이 평양의 고등학교 졸업생 중에서 용모, 개인 역량(노래, 무용 등), 품성 등을 전반적으로 보고 선발한다고 했다. 약간 허장성세가 느껴지는 사람이었는데 내가 평소 수영을 좋아해서 초대소 지하 수영장에 갔더니 물이 없었다고 하자 원하면 자신이 바로 수영장 물을 채워주겠다고 큰소리를 쳤다.

초대소 1층 로비 옆 작은 방에서 일단의 미국인들이 무선교신을 하고 있는 모습을 보았다. 한국전쟁 때 실종된 미군 병사들의 시신 발굴 작업을 위해 필드에 나가 있는 미국팀과 교신하고 있는 것이라고 했다. 50여 년 전 한국전쟁 당시 전사자들의 유해를 아직도 찾고 있는 미국도 놀라웠고, 이를 허용한 북한도 놀라웠다. KEDO 대표단의 밥 칼린은 미국팀에게 무선교신을 허용하는 자체가 놀라운 것 아니냐고 나에게 말했다.

나는 외교부 특수정책과장 시절(1992~1994) 워싱턴을 방문했을 때 당시 국무성 정보조사국 북한담당관이었던 밥 칼린과 처음 만났다. 따뜻한 인상에 부드럽고 친절한 사람이었다. 그는 북한에서 나오는 각종 공식 성명이나 언론 보도 등을 분석하고 있었는데 행간을 읽는 능력이 탁월했다. 아무리 선전적 내용이라 하더라도 장기간에 걸쳐 발표들을 따라가 보면 북한 측의 메시지 변화를 알 수 있다고 하던 그의 말이 생각난다. 그는 언론인 돈 오버도퍼의 명저 《두 개의 한국(The Two Koreas)》의 개정증보판 출판 때 공저자로 참여해 저작을 업데이트하는 중요한 역할을 했다. 북한을 30차례 이상 방문한 미국 내 드문 북한 전문가였다.

10월 16일 저녁, 북한 TV에서 김일성 탄생 90주년을 맞아 제작한 대집단 공연 '아리랑'의 제작 과정을 방영했다. 그야말로 북한에서나 가능한 일, 놀라움과 함께 슬픔 같은 것을 느꼈다.

10월 17일 9시 30분, 고방산 초대소를 출발해서 10시 10분 김일성 주석 출생지인 '만경대 고향집'에 도착해 30여 분간 관광했다. KEDO 대표단의 밥 칼린과 동행했다. 한복 차림의 여성 안내원이 우리 둘을 전담 안내했는데 만경대 고향집은 김일성 주석이 출생(1912년생) 후 8세까지 거주했다고 했다. 8세부터 12세까지는 만주(중국 동북3성)로 이주했고 12세에서 14세까지 만경대로 다시 돌아와 살았다고 한다. 그 후 14세에서 34세까지 20년을 다시 만주에서 거주한 뒤 34세 때 평양으로 귀국해 북한의 지도자로 부상했다고 했다. 김 주석의 부친은 만주에서 31세 때 사망했다고 한다. 안내원은 김일성 주석이 14세 때 '타도 제국주의 동맹'이라는 단체를 결성했다고 하면서 그를 '조숙한 사람'이었다고 설명했다. 만경대는 원래 30~40호 정도의 마을(평양 하동 칠골마을)이었는데 성역화하면서 다른 주택들은 철거하고 공원같이 꾸몄다. 우리가 방문했을 때 북한 군인들 및 학생들도 다수 이곳을 둘러보고 있었다.

10월 17일 저녁, 북한 TV를 시청했다. 17시에 방영이 시작됐는데 맨 먼저 김일성 주석의 사진 화면이 나오고 이어 전군 군악대에 의한 김정일 장군 만세 합창이 나왔다. 그리고 김정일 위원장 현지 지도 소식 순서로 진행됐는데 김정일 우상화 선전에 TV의 상당한 시간을 사용하고 있었다. 김정일 위원장의 당시 공식 타이틀은 3개로서 조선로동당 총비서, 국방위원회 위원장, 인민군 최고사령관이었다. 초대소에는 로동신문, 민주조선, 청년전위, 평양신문 등 4가지 신문이 비치되어 있었다.

10월 18일 9시 30분, 전체 회의 후 평양 시내 관광이 있었다. 11시 30분 개선문 관광, 12시 30분 고려호텔 오찬, 13시 30분 김일성광장(북한 외무성 청사가 옆에 있음), 14시 만수대 언덕(김일성 거대 동상), 14시 30분부터 16시까지 조국해방전쟁승리기념관, 16시에서 16시 30분까지 만수대창작사를 방문했다. 만수대창작사에서 그림과 수예품 등 몇 가지를 구입했다. 저녁에는 북측 초대 만찬에 참석했다.

김일성광장 방문 시 대동강변에서 사진을 찍고 있는 북한 신혼부부를 만났다. 내가 가까이 가자 "서울에서 왔습니까?"라고 하면서 먼저 반갑게 말을 걸어왔다. 당초 북한 안내원은 신혼부부가 원치 않을 것이라고 말하면서 함께 사진 촬영하는 것을 말렸으나 오히려 신혼부부가 같이 찍자고 하며 적극적으로 나서자 머쓱해 했다. 나는 안내원에게 당신들이야말로 인민들에게 배워야 한다고 일갈했다. 아시안게임, 월드컵 등 남북 교류가 북한 사람들에게 큰 영향을 준 것이 틀림없었다.

조국해방전쟁승리기념관 방문은 내가 특별히 북측 안내원에게 요청해서 성사되었다. 대표단 중 몇 명이 동행했다. 북측이 주장하는 한국전쟁 북침설의 근거가 무엇인지 알고 싶었다. 결과는 실망. 신성모 당시 우리 국방부 장관의 호언과 허장성세 내용, 일부 외국언론 기사 등을 북침의 근거자료로 기념관 벽면에 전시하고 있었다. 나는 우리 일행을 안내하던 기념관 여직원에게 "남측이 북침했으면 어떻게 순식간에 남한의 거의 전역이 점령을 당했겠느냐"고 물었다. 그러자 이 안내원은 남측이 6월 25일 새벽, 38선에서 전면적으로 북침을 감행했으나 북이 반격해서 순식간에 남쪽의 90% 이상을 점령했다고 설명했다. 이 안내원은 소련에서 이미 비밀 자료들이 공개되어 북한의 남침 사실이 확인되었음에도 불구하고 이를 전혀 모르고 있었다. 북한 사람들 모두가 똑같은 상황이었을 것이다.

기념관 내부에는 한국전쟁 당시 대전지역 전투 상황을 재현한 실사모형(디오라마, Diorama)이 근사하게 설치되어 있었다. 미군의 딘(Dean) 사단장 체포 장면 등과 강원도 철령고개 군수품 수송 장면 등이 모형으로 제작되어 있었다. 기타 한국전쟁 당시의 북측 무기, 유엔군 측 무기 등도 전시되어 있었다.

여섯 번째 방문(12월 23~25일): 마지막 방문, 금호 원전부지

미국 켈리 특사의 10월 평양 방문 후 북한의 농축우라늄 핵 개발 의혹이 제기되고 미북 관계가 악화되면서 경수로 원전 계속 공사 여부가 이슈로 떠올랐다. 이러한 상황에서 현지 상황도 점검할 겸 나를 포함한 경수로기획단대표단 일행은 다시 금호지구 공사현장을 방문키로 했다.

12월 23일 4시, 속초항을 출발해(한겨레호) 11시 북한 양화항에 도착했다. 평소 4시간 거리인데 7시간이 걸렸다(5시에 해상 폭풍주의보

발표). 배의 요동으로 승객 모두 기진맥진한 상태였다. 눈에 덮인 양화항은 청전 이상범의 한국화를 보는 듯했다.

양화항에서 금호지구 발전소 건설현장까지는 차로 20여 분 걸렸다. 차창 밖으로 보인 주민들은 두꺼운 겨울 점퍼 차림. 지난 3월보다 옷차림이나 얼굴 표정 등이 나아진 모습이다. 눈발이 날리는 속에서 젊은 여성들이 목총을 맨 채 군사훈련에 참가했다가 돌아오는 모습도 보였다.

금호원전 부지 내에는 각종 음식점, 주점 등이 추가로 영업하고 있었으며(청실홍실 등) 북측 종업원들은 서로 자기 식당(옥류관 등)에 손님을 유치하기 위해 노력하는 모습이 보였다. 하부 단위에서는 원전 건설 자체가 위기에 봉착했음을 모르고 있는 게 틀림이 없었다. 다만 원전 건설이 본궤도에 들어가고 한국에서 드나드는 사람들이 많아지면 돈을 벌기 위해 비즈니스를 확장하고 있는 것으로 생각됐다.

북측에서는 금번 우리 측 대표단의 부지 방문에 큰 관심을 보였으며 특히 경수로 프로젝트 동향에 큰 관심을 표시했다.

12월 24일, 김정숙(김정일 위원장 모친) 생일을 맞아 북한 전역에서 기념식이 개최됐다. 양화항에서도 15시부터 군중대회가 열렸다. 이날은 김정일 국방위원장 취임 11주년으로 평양에서 경축보고대회가 있었다고 한다. TV는 종일 김정일의 위대성('백두의 영장') 등 개인선전이 방영되고 있었다.

오후에 이영일 본부장의 안내로 발전소 건설현장과 방파제(물양장)를 방문했다. 이영일 본부장은 11월 중에 대규모 인력이 평양에서 파견되어 현장을 보고 갔다고 말했다. 또 12월 25일에 평양에서 추가로 관련자들이 방문할 것으로 안다고 말했다. 경수로 원전 사업 중단 등에 대비해 상황 파악을 위한 것이 아니겠느냐는 추측이었다. 북한 외교부 인력 2명도 현장 사무소(GBOK)에 상주 중이라고 했다.

저녁(19시 30분~21시)에는 부지 내 성당에서 성탄 미사에 참석했다. 그리고 경수로 원전 사업이 중단될 경우의 대책을 내부적으로 협의했다.

12월 25일 14시에는 부지 내 한국 근로자들에게 위문품(LG종합선물세트)을 전달하고 격려했다. 15시에 원전 건설부지 인근 지역인 북청군 룡전을 방문했다. 고종의 명을 받아 네덜란드 헤이그 개최 만국평화회의에 특사로 갔다가 현지에서 순국한 이준 열사(1859~1907) 생가를 둘러봤다. 생가는 서너 칸 정도의 한옥 가옥으로 비교적 잘 보존되어 있었다. 현장 안내원이 열심히 이준 열사의 생애를 설명했다. 북한은 김일성 일가의 유적지 이외에는 거의 보전되지 않고 있는 것으로 알았는데 이준 열사의 생가가 보전되고 있는 것은 특이했다. 룡전은 사과 과일 전문 생산지라고 했다. 멀리 눈에 덮인 북청이 보였다. 병풍같이 둘러싼 눈 덮인 산하, 정말 아름다운 곳, 일본의 닛꼬를 연상케 했다.

나의 전담 안내원에 의하면 김정일이 2002년 6월 4일 룡전을 방문해서 현지 지도를 했다고 한다. KEDO가 건설한 일직선으로 난 길을 보고 누가 건설한 것이냐고 물었고 KEDO가 건설했다고 대답하자 "KEDO는 중요한 일을 하고 있습니다"라고 언급했다고 한다. 북한에서는 김정일 위원장의 말 한마디, 한마디가 감히 누가 시비를 걸 수 없는 불가침의 영역이다. 얼핏 들으면 별 의미가 없는 평범한 이야기도 금과옥조같이 떠받든다. 당시 KEDO 활동에 대한 그의 발언은 의미가 있어 보였다. 김정일도 그때까지는 경수로 원전 건설을 기대하고 있었다는 이야기일까?

2002년 12월 21일, 당시 금호부지에는 KEDO 소속 직원 6명, 한국인 근로자 734명, 북한 근로자 97명, 우즈벡 근로자 589명 등 총 1,426명이 체재하고 있었다. 종합공정은 19.42%. 미북 제네바합의 시 2003년 준공을 약속했던 것에 비하면 공사 진척이 많이 늦었다.

KOK(금호원전건설지원기획단)의 김상엽 대표, 맥킨니(Mckinney), 이메다 등과 환담했다. 그들은 경수로 잠정 중단의 경우에도 소수 인력의 잔류가 필요하다고 말했다. 그 이유로 첫째는 중단 시 인력과 장비의 완전한 철수를 위해서도 필요하며 전원 철수 시 북한 측의 위해 가능성 감안해야 한다는 것이다. 둘째는 KEDO 재산에 대한 유효한 소유권 확보 필요성, 즉 KEDO 측 재산인 부지 내 시설 장비 등에 대한 최소한의 관리가 필요하다는 이야기였다. 그렇지 않을 경우 부지 내 생활설비, 시설 등을 북한이 완전점거할 것이라는 우려를 했다. 셋째는 우리 측 카드를 늘리는 면에서도 필요한데, 최악의 경우 마지막 잔류팀까지 철수해야겠지만 완전 철수 시 북측은 우리 측이 경수로 원전 프로젝트를 전면 포기한 것으로 간주할 것이라는 점이었다. 넷째는 건설 재개의 때를 대비해 유지 보수 인력의 잔류가 필요하다는 의견이었다. 대체로 현장의 KEDO인력들은 모두 경수로 원전 건설 사업이 계속되기를 희망하고 있었다. 모두들 이런 신세계에서의 특별한 경험을 놓치고 싶지 않았다.

나는 맥킨니와 일각에서 이야기되고 있는 경수로 원전의 화력발전으로의 대체론에 대해서도 의견을 나누었는데, 나는 부정적 입장에서 문제점들을 이야기했고 한국 국민에 대한 설명도 어려울 것이라고 했다.

나의 전담 안내원 최광렬과도 대화를 나누었다. 그는 "신 선생은 앞으로 대통령에도 나올 수 있는 사람인데(이 사람이 왜 갑자기 이런 이야기를 하는지?)"라고 대화를 시작했다. 그는 "미국이 목을 조여오는데 이에 대응하지 않을 수 없다", "핵을 포기하더라도 미국은 계속 다른 요구를 해서 북을 괴롭힐 것이다", "완전히 무장 해제시켜 놓고 먹겠다는 생각이다", "우리끼리 살도록 내버려두면 되는데 미국이 약소국을 왜 이렇게 괴롭히는지 모르겠다"는 말과 함께 "경수로에 대해서는 우여곡절이 있겠지만 결국은 잘 될 것이다'라며 희망적 기대도 피력했다. 노무현 당선자에 대한 기대도 언급했다. 미국이 중유를 끊어 북한 내 전력 사정이 더 나빠졌다고도 말했다.

이때가 나의 마지막 북한 방문이었다. 여섯 차례의 북한 여행은 나에게 어떤 외교 경력보다 더 기억에 남는 벅찬 경험을 안겨주었다. 그리고 남북한 통합, 통일에 대한 열망은 나의 필생의 로망, 마지막까지 놓치지 않을 관심과 목표가 되었다.

◀ 강원도 속초 부두, '한겨레호' 앞에서. KEDO 대표단은 이 배를 타고 속초와 함경남도 신포 양화항을 왕복했다. (2002.3.)

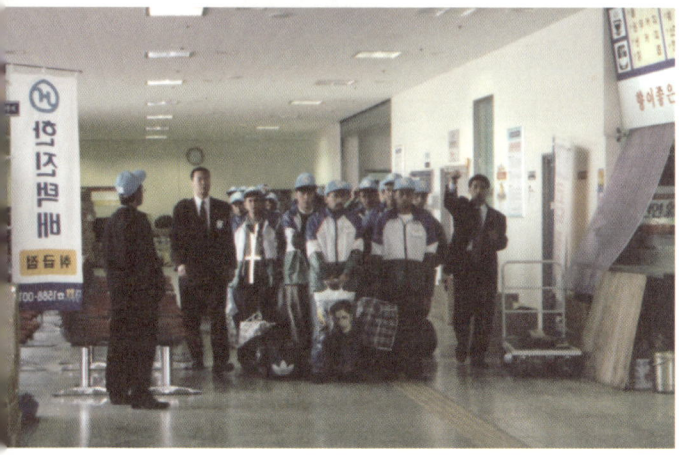

◀ 속초항에서 한겨레호 탑승을 위해 대기 중인 우즈벡 근로자들.

▼ 한겨레호 선실에서 찍은 저녁 무렵 양화항의 을씨년스러운 모습. 희끄무레한 회백색 그림 같았다.

▲ 경수로 원전을 건설 중이던 금호지구 우리 측 근로자 숙소. (2002.3.)

◀ 원전 건설현장.
이정일 건설본부장과 함께.

▼ 원전 건설현장. 북한은 제네바합의 후 8년이 지났는데 "겨우 기초구덩이만 파놓았다"고 불평을 했다.

◀ 원전 건설현장인 금호지구 근로자 후생관 모습.

◀ 후생관 내 식당.

◀ 콘테이너형 근로자 숙소.

◀ KEDO 금호사무소 김중근 대표 및 경수로기획단, 한전 관계자들과.

◀ 평양 순안공항 모습. (2002.3.)

◀ 북경-평양 간 고려민항기 내 승무원들. (2002.5.)

◀ 눈에 덮인 김일성광장 모습. (2002.3.)

◀ 평양 시내 모란봉(해발 140미터) 을 밀대 앞에서 경수로기획단 황하수 부장 및 구병삼 과장과.

◀ 고방산 초대소 전경. 평양시 외곽에 위치한 고즈넉한 곳으로 외국 귀빈들을 위한 별장 같은 곳이었다. (2002.10.)

▲ 고방산 초대소, 북측과 노무 관련 협상.

◀
고방산 초대소 숙소.
김일성, 김정일의 사진이 걸려있다.

◀
고방산 초대소 접대원들의 모습.

▲ 평안북도 묘향산 입구에 위치한 향산호텔 전경. 인근에 김일성, 김정일국제친선전람관, 김일성 주석이 사망한 별장, 보현사 사찰 등이 있어 전반적인 인프라가 잘 정비되어 있었다. (2002.5.)

▲ 향산호텔에서 내려다본 호텔 진입도로.

▲ 향산호텔 앞. 지나가던 군인들 모습.

▲ 향산호텔 앞. 트럭에 탄 사람들.

▲ 향산호텔, 북측과 원자력 손해배상문제 협의하는 KEDO 대표단. (2002.5.)

◀ 원자력 손해배상문제 KEDO 측 전문가 (미국, EU)들과.

▼ 향산호텔 저녁 연회. 필자(중앙)의 왼쪽이 경수로대상사업국장, 오른쪽이 부국장.

◀ 향산호텔 인근 김정일국제친선전람관 앞에서 안내원들과. 산을 옆으로 파고 들어간 거대한 터널시설 내에 각국에서 보내온 5만여 점의 선물이 전시되어 있었다. 현대 정주영 회장, 정몽준 대표, 대우 김우중 회장, 그리고 삼성 이건희 회장, LG 등의 선물도 있었다. (2002.5.)

▲ 멀리 뒤쪽 김일성국제친선전람관이 보인다.

▲ 묘향산 입구에 있는 보현사. 10세기 고려 시대 사찰. 스님은 없고 문화재로서 보존되고 있는 수준. (2002.5.)

▲ 묘향산 등반 길. 안내원이 뽑아준 고운 소녀 두 명과 촬영.

▲ 묘향산 등반, 바위 언덕마다 각종 구호들이 새겨져 있었다. 중국 산동성 태산과 비슷한 느낌.

◀ 묘향산 등반. KEDO 대표단.

◀ 김일성 주석 생가인 만경대 고향 집 방문. 밥 칼린 KEDO 미국 대표 및 안내원과. 밥 칼린은 미 국무성 북한 담당관 출신으로 북한 체제의 특성 등에 대해 누구보다 정통한 외교관이었다. (2002.10.)

◀ 김일성광장 앞 대동강변에서 신혼여행 온 부부와.

◀ 조국해방전쟁승리기념관 앞에서. 규모는 크지 않고 한국전쟁 당시 대전전투 실사모형 등이 전시되어 있었다.

◀ 만수대창작사 기념품 판매점. 한국화, 유화, 수예품, 도자기 등 판매.

▲ 아리랑 축전. 지구상에서 북한만이 할 수 있는 극단적인 전체주의 공연이었다.

▲ 아리랑 축전 팸플릿, 대집단체조와 예술공연. (2002.5.)

▲ KEDO 대표단의 일원으로 아리랑 축전 관람.

◀ 함흥시, 사회주의식 아파트. (2002.3.)

▶ 함흥시, 넓은 도로, 계획도시.

▲ 함흥시. 도로변 광장 멀리 김일성의 동상이 보인다.

◀ 함흥시. '신흥산려관' 앞.
(2002.3.)

◀ 함흥시,
신흥산려관 내 식당.

▼ 함흥시, 함흥냉면으로 유명한 '신흥관' 앞에서 경수로기획단 및 한전 대표단 합동 촬영.

◀ 함경남도 북청군 용정리, 헤이그 특사로 순국한 이준 열사 (1859~1907) 생가. 한옥 기와집으로 잘 보전되어 있었다. (2002.12.)

◀ 이준 열사 생가 안내원.

◀ 함경남도 북청의 모습. 눈에 덮인 아름다운 전경이 청전(靑田)의 그림을 보는 듯했다.

◀ 원산 인근 명승지 해월정에서 한전 대표단과. 원산 갈마지구 대규모 해안 리조트가 인근에 개발되었다.

▲ 신포 금호지구 경수로 원전 건설현장. (2002.12.)

◀ 크리스마스를 맞아 공사현장 한국 근로자 격려.

▶ 양화항 부두 방문. 뒤쪽에 한겨레호가 정박해 있다.

▲ 중국 단동과 신의주를 연결하는 신압록강대교 앞에서. (2024.) 2014년 9월 완공됐으나 아직 개통되지 않고 있다.

▲ 압록강 상류 중국 쪽에서 바라본 혜산시 모습. (2024.) 량강도 도청 소재지며 국경도시로 중국과의 무역과 밀매가 활발하다. 한반도 최고 오지로 불리는 삼수, 갑산과 접하고 있다.

▲ 석, 박사학위를 받은 삼청동 북한대학원대학교 전경.

▲ 북한대학원대 석좌교수 임명. 박재규 총장(전 통일부 장관)님과 함께. (2022.)

3장

북핵 저지의
마지막 기회를
놓치다

1 : 골든타임을 놓친 미국 정부의 아쉬운 대북 정책

　나는 앞에서 언급한 K와의 대화, 즉 미국의 켈리 특사 일행이 평양을 방문해서 농축우라늄 이슈를 제기하고 떠난 후에 상황이 어떻게 전개되었는지에 대해 결론부터 쓰려고 한다. 자세한 경과는 〈4장 파탄의 길〉에서 썼다. 간단히 이야기하면 미국 부시 정부의 네오콘들의 결정적 실책으로 북한 핵 저지의 마지막 기회를 놓쳤다는 것이다.

　부시 정부의 네오콘들은 켈리 특사 방북 후 북한이 협상하자고 매달리자 이를 무시했다. 이 책 〈1장 북한 외교관 K와의 대화〉에서 밝힌 바와 같이 북한 측은 최소한 차기 회담 일자라도 잡아두고 가라고 켈리 일행에게 거의 매달리다시피 했다.

　거기다가 북한은 구체적 제안까지 했다. 강석주 제1부부장이 "핵 문제는 안보와 관련된 문제로서 최고지도부가 결정할 문제다. 북조선과 미국의 최고지도부가 만나면 단숨에 해결될 수 있다"고 말하면서 최고지도자 간 담판을 제안했다. "단숨에 해결될 수 있다"고 한 말에서 북측의 긴박성이 느껴진다. 강석주는 그들의 안보 우려 해소를 위해 북조선 체제 인정과 평화협정, 불가침조약 체결 등을 구체적으로 거론했다. 지금 생각해 보면 핵 문제 해결을 위해서라면 이런 문제들을 논의하지 못할 이유도 없었다.

　북한이라는 나라의 체제가 가진 속성을 생각할 때 실무자들끼리 백 번 만나는 것보다는 김정일이 직접 나서는 정상회담이 훨씬 효과적일 것이라는 것은 말할 필요도 없다. 북한의 경우 최고지도자가 합의할 경우 이후 디테일한 문제는 실무자들이 어떻게든 맞추기 마련이다. 물론 디테일을 맞춘다는 게 그리 간단한 일은 아니지만… 20여 년이 지난 뒤 이미 핵무기를 가진 북한과 협상하기 위해 트럼프 대통령이 직접 나섰던 것을 생각해 보라. 미국은 20여 년 전보다 훨씬 불리한 입장에서 북한과 협상에 나서야 했다.

　당시 북한은 '고난의 행군'이라는 최악의 경제 상황을 겨우 벗어난 때였다. 물론 핵무기도 없었으며 농축우라늄 프로그램은 이제 걸음마 단계였다. 북한에 대한 온건책(협상), 강경책(군사적 위협) 모두 통할 수 있는 시점이었다. 그러나 네오콘들은 이러한 결정적 호기를 놓쳤다. 북한의 정상회담 제의에 대해 아무런 대응도 하지 않았고 협상도 하지 않았고 군사적 위협도 하지 않았다. 유일하게 조치를 취한 것은 제네바합의상의 대북 중유 공급을 중단시켜 버린 것이다. 중유 공급을 중단하면 북한이 계속 매달리거나 굴복(농축우라늄 프로그램 포기 등)하고 나올 것으로 생각했을지 모른다.

　한국과 일본은 북한의 영변 핵시설 재가동 가능성을 내세우며 중유 공급 중단에 반대했지만 미국 네오콘의 강경한 입장을 꺾을 수 없었다. 결과는 북한에게 제네바합의를 무너뜨릴 명분만 만들어 준 격이 되었다. 북한을 너무 몰랐고 안이하기 짝이 없는 판단이었다. 여기에는 전임 클린턴 정부의 대북 정책을 지우려는 소위 정파적 ABC(Anything

But Clinton)도 작용했다.

　북한은 기다리지 않았다. 특유의 '벼랑 끝 전술'로 나왔다. 북한은 먼저 NPT(핵비확산조약) 탈퇴를 선언하고 영변 핵시설을 감시해 온 IAEA(국제원자력기구) 사찰단을 추방했다. 그리고 영변 핵시설의 활동을 재개했다. 8년 동안 유효하게 유지되어 온 영변 핵시설 동결이 허무하게 무너진 것이다. 그리고 북한은 핵무기 원료인 플루토늄 추출에 전력을 기울였다. 후에 오바마 정부와 바이든 정부에서 미국의 아시아 정책 수립에 큰 역할을 했던 커트 캠벨 전 국무부 부장관은 그의 저서 《피벗(PIVOT)》(2016)에서 북한 이슈를 복잡하고 골치 아픈 사안으로 취급하면서 "그 어떤 나라도 그처럼 대담하게 또는 그처럼 위험하게 수를 두는 경우는 없었다"고 말한 바 있다. 그만큼 미국 내 아시아통들조차 북한 체제의 특성을 이해하지 못했다.

　그 뒤 미국은 별다른 대응책이 없었다. 뒤늦게 6자회담이라는 다자회담에 북핵 문제 해결을 맡겼지만 엎질러진 물을 다시 주워담으려는 격이었다. 결국 북한은 6자회담 기간 중인 2006년 10월, 제1차 핵실험을 했고 그 후 모두 여섯 차례의 핵실험 끝에 핵무장 국가가 되었다. 허무한 결말이었다. 아래는 2002년과 2003년 중 발생한 북한 핵과 관련한 그 결정적 순간들에 대한 필자의 분석과 결론을 정리한 것이다.

2 : 누가 제네바합의를 위반했는가?

북한이 비밀리에 고농축우라늄 프로그램을 시도하고 있었다는 것은 1994년의 제네바합의(Agreed Framework)에 대한 위반임에 틀림이 없다. 비록 제네바합의가 우라늄 농축에 대해 명시적으로 언급하지 않고 플루토늄 프로그램에 대해 초점을 맞추고 있었다고 하지만 '북한은 한반도 비핵화공동선언을 이행하기 위한 조치를 일관성 있게 취한다'고 규정하고 있고 한반도비핵화공동선언이 우라늄 농축 활동을 금지하고 있음을 감안하면 북한이 이 합의를 명백히 위반하고 있었다고 할 수 있다.

특히 제네바합의가 '핵이 없는 한반도를 위해 노력'하고 '국제적 비확산체제 강화를 위해 함께 노력'하는 등을 규정하고 있는 것을 생각하면 비록 북한이 제네바합의 1항에 규정된 '흑연감속원자로 및 관련 시설 동결'을 이행하고 있었다 하더라도 고농축우라늄 프로젝트는 제네바합의를 위반한 것이다.

그러나 제네바합의는 모든 조항이 완벽하게 이행되고 있었던 것은 아니다. 제네바합의의 또 하나의 중요한 기둥이었던 총 발전량 2천 메가와트의 경수로 건설은 2003년을 목표시한으로 하고 있었지만 공정이 5년 이상 지연되고 있어 북한이 시비를 걸 소지가 있었다.

경수로 건설공사가 크게 지연된 것은 여러 요인이 있었다. 우선 경수로 원전 건설을 담당할 주체인 KEDO(한반도에너지개발기구)는 제네바합의 이듬해인 1995년 3월 발족되었지만 원전 건설 비용을 누가 낼 것인가 하는 경수로 재원 분담 합의는 1998년 11월에야 이루어졌다. 돈을 누가 낼 것인가 하는 문제로 3년 이상 시간이 지연된 것이다. 이와 함께 돌발적 변수도 있었는데 1996년 9월 북한 잠수함의 강릉 침투사건도 한 원인이 되었다. 분노한 당시 김영삼 정부가 KEDO의 경수로 부지 조사작업을 한동안 중단시킨 것이다.

공사를 본격적으로 시행하기 위해 KEDO가 북한과 '통행 통신 부지 특권면제 및 영사보호' 등 제반 협정을 체결하는데도 많은 시간이 걸렸다. 또 경수로 부지인 함경도 신포 인근 항구의 접안시설 등 제반 인프라가 너무 취약해서 본격적인 공사를 위한 인프라를 갖추는데도 상당한 시간이 소요되었다. 이에 따라 함경도 신포에서 본공사가 정식 착공된 것은 2000년 2월이 되어서였다. 북한이 2002년 켈리 특사 방북 후 외무성 대변인 담화를 발표 "경수로를 2003년까지 제공키로 되어있으나 8년이 지난 지금 기초구덩이나 파놓은 데 불과하다"고 비난하고 나선 것은 이러한 배경이 있었다.

북한은 2002년 10월 27일 멕시코 로스 카보스에서 개최된 한미일 정상회담을 앞두고도 이를 문제 삼았다. 외교부 대변인 명의의 성명은 "제네바합의를 먼저 위반한 것은 미국이다. 제네바합의 제1조에 따르면 경수로를 2003년까지 제공키로 되어있으나 5년이 지난 지금 기초구덩이나 파놓은 데 불과하다. 우리를 '악의 축'으로 규정하고 핵 선제공격대상에 포함시킨 것은 우리에 대한 선전포고로서 제네바합의를 무효화시키고 핵확산금지조약을 유린한 것이다"라고 말하고 있다.

이와 같이 경수로 공사는 상당히 지연되고 있었으나 고농축우라늄 이슈가 터져 나온 2002년 10월경에는 원자로를 넣을 콘크리트 격납고 등이 상당 부분 모양을 갖추어 가고 있었다. 따라서 당시 시점은 북한이 경수로와 관련해 어떤 결정적 판단을 내릴 시점은 아니었으며 미국 부시 행정부 내에서 경수로 계속 여부에 대한 논란이 있는 상황에서 북한이 먼저 책임을 덮어쓸 행동을 할 상황은 아니었다고 할 수 있다.

하나의 의문은 북한이 왜 1990년대 후반 농축우라늄을 통한 핵 개발이라는 또 다른 경로의 핵 개발을 시도했느냐 하는 것이다. 그 이유는 경수로 건설이 지연되고 북미 간 불신이 여전한 상황에서 혹시 제네바합의가 무너질 경우에 대비한 대체수단을 찾으려 했던 것으로 보인다. 일종의 보험책, 헤징(Hedging) 전략이다. 마침 북한은 두바이에 거점을 둔 A.Q. 칸 박사의 불법 핵기술 네트워크와 접촉할 수 있었다. 북한이 풍부한 천연 우라늄 자원을 보유하고 있었고 플루토늄 생산에 비해 우라늄 농축은 상대적으로 소규모 시설에서도 가능해 은폐하기 쉬운 전략적 이점도 있었다.

그런데 여기서 우리가 간과해서는 안 될 가장 중요한 점은 북한이 8년 동안 IAEA의 감시를 받으며 영변 핵시설을 봉인해 두고 있었다는 것이다. 즉 북한에 대한 대체에너지(중유) 공급이 계속된 2002년 11월까지는 북한의 흑연감속원자로 및 관련 시설의 동결이 유효하게 유지되고 있었다는 것이다. 사실 이 점은 매우 중요한 포인트다. 중유 공급이 지속되고 있던 8년간은 플루토늄 재처리를 통한 핵 개발은 확실히 저지되고 있었다. 오랫동안 한반도의 핵 문제를 다루어 온 사람들은 북한이 핵 활동과 관련해 분명하게 약속을 지킨 것은 8년 동안 영변 핵시설을 봉인해 둔 것이라고 말하기도 했다.

또 하나 제네바합의와 관련해 북한이 시비를 걸 수 있었던 것은 미북 관계 정상화 문제였다. 제네바합의 제2조는 '쌍방이 정치 및 경제 관계를 완전히 정상화하는 데로 나간다'고 규정하고 있으나 관계 정상화에 전혀 진전이 없었고 오히려 2002년 당시 미국의 부시 정부는 북한을 '악의 축'으로 규정했다. 이점도 북한으로서는 제기할 수 있는 문제였다.

결론적으로 제네바합의를 누가 위반했느냐 하는 것은 필요 이상의 논쟁을 할 문제가 아니었다. 기본적으로 제네바합의는 법적 구속력이 있는 조약도 아니었고 북한의 플루토늄 핵 개발을 막기 위한 임시방편적 성격이 강한 정치적 합의였다.

박정희 대통령도 1970년대 미국 정부가 닉슨 독트린에 따라 주한미군 철수 등 새로운 한반도 정책을 추진하자 자주국방 차원에서 비밀리에 핵무기 개발을 추진하다가 한미 간 갈등 끝에 포기한 일이 있었다. 살기 위해서라면 무슨 일을 못 하겠는가? 북한의 속임(Cheating)이 사실이었다 하더라도 그다음을 봐야 했다. 현실을 인정하고 그 이후의 대응을 생각하는 게 더 중요했다.

3 : 고농축우라늄에 집착한 미국, 플루토늄 문 열어줘

2002년 10월, 켈리 특사 방북 이후의 대응과정에서 미국의 가장 큰 실수는 고농축우라늄 이슈에 집착하다 막상 플루토늄 핵 개발의 문을 열어준 것이었다. 켈리 특사의 방북 당시 북한의 플루토늄 핵 개발 프로그램은 유효하게 동결되고 있었다. 거기다가 북한의 농축우라늄 프로그램은 아직 걸음마 단계였고 비축된 고농축우라늄도 없었다. 북한이 무기제작에 충분한 농축우라늄을 만들만한 수준의 시설을 갖추고 있었다는 증거도 없었다. 그런 역량을 갖기까지는 상당한 시간을 더 기다려야 했을 것이다.

북한은 파키스탄의 칸(A.Q. khan) 박사로부터 1999년경 비밀리에 우라늄 원심 분리 기술을 제공받아 고농축우라늄 프로젝트를 초보적으로 진행시키고 있었던 것으로 보인다. 파키스탄의 핵 개발의 아버지로 불리는 칸 박사와의 협력은 2004년 2월 파키스탄 정부가 이를 공식 발표함에 따라 표면화되었다. 북한이 칸 박사의 개인 네트워크를 통해 우라늄 농축 기술 및 원심 분리기 샘플을 도입한 것이 확인된 것이다. 칸은 2004년 초 파키스탄 정부에 의해 체포되자 자신이 북한과 벌인 핵 관련 거래 일부를 털어놓았다. 무샤라프 파키스탄 전 대통령도 2006년 뉴욕에서 출간된 자서전 《사선에서(In the line of fire)》에서 칸 박사가 원시적 형태인 20여 개의 우라늄 농축용 원심 분리기를 북한에 넘겼다고 밝힌 바 있다.

어느 시점에 그 프로그램은 가속되기 시작했고 이때부터 미국 정보 당국도 북한의 원심 분리기 기술 및 원료 조달 상황을 주시하며 이 프로그램을 추적하기 시작했다. 그 후에 확인된 일이지만 북한이 핵무기를 만들 수 있는 우라늄 농축시설을 완성한 것은 2010년 9월경이었다. 북한이 우라늄 농축 성공을 발표했을 때 아무도 믿지 않자 북한은 발표가 진짜임을 보여주기 위해 미국의 저명한 핵 전문가인 시그프리드 해커 박사를 초대해서 농축시설을 보게 했다. 2010년 11월 초, 해커 박사 일행이 영변을 방문했을 때(일곱 번째 북한 방문, 네 번째 영변 방문) 1천 개 이상의 원심 분리기가 가지런히 정렬되고 연결되어 있는 현대적이고 깨끗한 원심 분리기 공장을 직접 보았다.

북한의 담당자는 총 2천 개의 원심 분리기가 있다고 말했다. 북측은 이를 우라늄 농축공장이라고 불렀고 2009년 4월, 건설이 시작되어 해커 일행 방문 7일 전에 시설이 모두 갖추어졌다고 말했다. 담당자는 원심 분리기 시설이 지금 가동되고 있고, 우라늄이 농축되고 있다고 말했다. 다만 이 관계자는 그들의 우라늄 농축 작업이 저농축우라늄 용도로 설정되어 있으며 민간용 핵에너지 프로그램의 일환이라고 주장했지만 그 아래 잠재하는 무기 전환의 가능성은 부인할 수 없는 것이었다.

그런데 2002년 당시 북한의 고농축우라늄 프로그램은 아직 걸음마인 단계에서 부시 정부는 제네바합의 파기가 가져올 위험을 충분히 이해하지 못한 채 중유 공급 중단이라는 치명적인 조치를 취했다. 부시 정부는 앞으로 10년은 더 걸릴 장기적 위협과 당장 눈앞의 위협을 구분하지 않은 채 북한에 단기간 내에 플루토늄 폭탄을 제조할 무료입장권을 주어버린 셈이었다. 가장 기본적인 위험, 편익 분석만 했더라도 워싱턴이 이런 결정을 내릴 수는 없었을 것이다. 강경파들에게는 이데올로기적 승리였을지 모르지만, 미국 안보라는 측면에서는 재앙적 참사였다.

협상 파기에 대해 부시 정부가 명시적으로 밝힌 이유는 평양이 비밀리에 우라늄 농축을 추진함으로써 제네바합의를 위반했다는 것이었다. 그러나 진짜 이유는 주로 정치적인 것으로서 나중에 존 볼턴(John Bolton)이 밝힌 대로 클린턴 정부의 중요한 대외업적 중의 하나인 제네바합의에 대못을 박으려는 것이었다는 게 해커 박사의 평가다.

미국 부시 정부의 네오콘은 중유 공급 중단 때부터 판단 착오를 거듭했다. 앞 장에서 본 바와 같이 한국과 일본은 중유 공급을 제네바합의의 핵심적 부분의 하나로 간주해 중유 공급을 중단할 경우 북한에게 제네바합의 무효화를 주장할 수 있는 구실을 주게 될 것으로 보았다. 반면 미국은 어차피 제네바합의의 효용성을 인정하지 않는 상황이었으므로 북한에게 제네바합의 파기 구실을 주는 문제에 대해서는 크게 개의치 않았다고 할 수 있다. 안일한 판단이었다.

당시 한국의 김대중 정부와 일본의 고이즈미 정부는 대북 중유 공급 중단에 대해 매우 부정적인 입장이었다. 북한의 속성을 잘 알고 있었던 한국과 일본은 북한이 극단적으로 나올 수 있다는 것을 예견하고 있었다. 중유 공급 중단은 지난 8년간 효과적으로 통제되어 왔던 북한의 플루토늄 핵 개발 저지 메커니즘을 무너뜨리는 결과가 될 가능성을 심각히 우려하고 있었다. 이에 따라 한국과 일본은 한미일 3자 간의 사전전략회의(TCOG회의)와 KEDO 집행이사회에서 이러한 입장에 따라 미국을 설득하려고 했다. 그러나 중유 공급 재원을 거의 전담하고 있던 미국은 이러한 경고를 무시하고 중유 공급 중단을 밀어붙였다. 강대국의 횡포였다. 거기다가 당시 한국은 김대중 정부의 임기가 거의 끝나가는 시점으로서 정책 집행에 급속히 힘을 잃어가고 있었다.

고농축우라늄 사태 당시 한국과 일본 정부는 모두 북한과 화해협력 정책을 적극적으로 진행시키고 있었다. 한국에서는 김대중 정부 출범 이래 금강산 관광 사업이 진행되고 있었고 2000년 6월, 김대중 대통령의 방북에 이은 6.15 남북공동선언으로 개성공단 사업 및 경의선 철도 연결 사업도 추진되고 있었다. 일본도 2002년 9월 17일 고이즈미 총리의 방북과 평양선언으로 북일 관계 개선의 모멘텀이 만들어지고 있었다.

그러나 부시 정부 네오콘의 등장으로 북핵 문제가 파탄의 길로 들어서면서 한반도에서의 해빙 무드도 파탄이 났다. 일각에서는 과도한 도덕주의에 빠져있었던 네오콘들이 한국과 일본의 북한 정권과의 해빙을 방해하기 위해 핵 문제를 이용했다는 관측도 있었다. 한반도 국제정치 및 남북한 관계의 큰 전환점이 될 수도 있었던 한 시기가 이렇게 허무하게 저물어 버렸다.

4 : 북한과의 결정적 협상 기회 방치

2002년 10월, 켈리 특사가 북한을 방문하고 그 후 제네바합의가 무너지는 시점은 북한이 가장 취약한 때였다. 북한 경제는 아사 직전에서 겨우 살아났고 핵무기도, 대륙간탄도미사일도 없었다. 미국이 마음에 따라 강경책, 온건책 모두를 구사할 수 있는 유리한 시점이었다. 그런데 부시 정부는 그 어느 쪽도 택하지 않았다.

앞에서 본 바와 같이 켈리 특사 방북(2002년 10월 2~4일) 당시 북한은 미국과의 협상을 통한 문제 해결을 간절히 바라고 있었다. 후나바시 요이치 아사히신문 대기자는 북한이 10월 3일 조선중앙통신을 통해 켈리가 "클린턴 정권 시대에 방북한 올브라이트 국무장관 이래 가장 높은 지위에 있는 미국 정부관리"라고 언급하면서 고이즈미 방북에 따른 북일 관계 데탕트의 물결이 북미 관계에도 미칠 것이란 기대를 하고 있었다고 분석했다. 켈리 방북에서 돌파구가 열리는 것이 아니냐며 전향적으로 교섭을 준비하고 있었다는 이야기다. 또한 켈리 일행이 미 군용기로 한국에서 직접 북한에 들어가는 것을 허가한 일 자체가 북한의 강한 기대를 대변하는 것이었다고 설명했다.

켈리 특사가 방북한 2002년 10월 초라는 시점은 여러 면에서 미북 관계에 새로운 돌파구가 필요하던 시점이었다. 북한은 클린턴 대통령의 방북을 통한 미북 관계 개선 노력이 무산된 후 매우 불안한 상황이었으며 부시 정부의 아프간 침공과 이라크 침공 준비를 보면서 극도로 긴장하고 있었다.

태영호 전 주영공사도 이러한 상황을 그의 회고록《3층 서기실의 암호》(2018)에서 "미국이 이라크 전쟁을 끝내고 모든 전쟁 물자를 한반도로 몰고 온다면 북한은 끝장이었다. 미국은 이미 이란, 이라크, 북한을 '악의 축'으로 규정한 상태였다. 이라크 다음 상대는 당연히 북한이었다"라고 말했다. 북한이 부시 정부 등장에 얼마나 떨고 있었느냐 하는 것은 2001년 5월 요란 페르손 스웨덴 총리가 1박 2일 일정으로 평양을 방문했을 때 그해 연말 스웨덴에서 열릴 미국-EU회담에 김정일이 초청받아 부시와 면담하는 계획을 추진하려 했다는 태영호의 증언을 보아도 알 수 있다. 결국 스웨덴 측의 비협조로 성사되지 않았지만 당시 절박했던 북한의 사정을 잘 알 수 있다.

또한 이 시점은 제네바합의의 계속 이행 문제와 관련해서도 미북 양측 간에 새로운 협의가 필요한 때였다. 경수로 원전의 외벽 격납고 공사가 진행됨에 따라 제네바합의상의 경수로 핵심부품 인도와 함께 북한의 특별사찰 문제가 협의될 시점도 가까워지고 있었다. 북한의 특별사찰 이행과 핵심부품 제공이 맞물려 상대의 진의를 확인해야 할 중요한 시점에 와있었다. 말하자면 미북 양측이 제네바합의를 계속 이행할 의지가 있는지에 대해 서로 정치적 결단 수준을 확인해야 할 시점에 와있었던 것이다. 이런 모든 상황으로 볼 때 미북 간에는 제네바합의에 이은 후속 협상이 불가피한 상황이었다고 할 수 있다.

이와 같이 켈리 특사의 방북은 북한이 새로 출범한 미국 부시 행정부에 가지고 있던 '공포'와 켈리가 가지고 올지 모를 방북 보따리에 대한 '기대'가 교차하는 시기였다. 필자의 K와의 대화 시에도 그 이야기가 나온다. 북한으로서는 미국과 협상을 해야 할 절박한 시점에 있었다.

이러한 상황에서 강석주 부부장이 '최고위층 간의 담판을 통한 핵문제 해결'을 요구했던 것은 당시 북한의 상황으로 보아 충분히 진정성이 있는 제안이었다고 할 수 있다. 1장에서 본 바와 같이 외무성 간부인 K가 2002년 10월 16일, 필자에게 전한 메시지에도 그러한 북한의 입장이 잘 나타나 있다. 당시 K는 "북측이 미국과의 대화 가능성을 열어놓기 위해 애를 썼으나 미국 측이 거부했으며 떠나는 켈리 일행에게 최소한 차기 회담 일자라도 잡아놓자고 사정을 했으나 그 역시 미국 측이 냉정히 뿌리치고 떠났다"고 말했다.

특히 북한이 최고위층 간의 직접 협상과 구체적 제안을 했다는 것이 중요하다. 그만큼 절박했다고 할 수 있다. 켈리-강석주 회담에서 강석주의 발언이 웅변한다. 강석주는 미국과 협상을 통해 해결할 용의가 있다면서 "미국이 적대시 정책을 버리면 미국의 안보 관심사 해결이 가능하다"며 이를 위한 세 가지 조건으로 체제 인정 존중, 불가침조약 체결, 경제 제재 해제 등을 제시하고 새로운 합의 체결을 원한다는 것이었다. 그리고 "최고위층 간의 회담을 통해 일괄타결할 것을 희망한다"고 밝혔다. 북한은 전형적으로 톱다운식 국가 정책 결정이 유효한 나라다. 아래에서 위로의 정책 결정 시스템과 다르다. 최고지도자가 최종 방향을 결정하면 아래에서는 어떻게든 맞춘다.

이후에도 북한은 미국과의 협상을 통한 문제 해결을 요구하는 메시지를 계속 보냈다. 2002년 11월 2~4일 사이 평양을 방문한 도널드 그레그 전 주한 미국 대사와 돈 오버도퍼 존스홉킨스대 국제대학원(SAIS) 교수가 강석주 외무성 제1부부장으로부터 받아온 김정일 친서라는 한글로 된 메시지도 같은 내용이었다. 오버도퍼 교수는 귀국 후 11월 7일 스티븐 해들리 당시 백악관 국가안보 보좌관에게 메시지를 전달하고 북과 접촉할 것을 권유했으나 해들리의 반응은 부정적이었다고 말했다. 그는 같은 달 13일, 리처드 아미티지 당시 국무부 부장관으로부터 부시 대통령과 파월 국무장관, 콘돌리사 라이스 국가안보 보좌관 등이 이 메시지를 진지하게 읽었다는 말은 들었다고 했다.

그러나 미국 측은 수신인이나 발신인, 그리고 서명이 없어 공식 친서라고 할 수 없다는 이유 등으로 별다른 조치 없이 방치했는데 전형적인 관료적 판단과 접근이었다. 그러나 이 메시지는 엄연한 북측의 공식 입장이었다고 보는 게 타당하다. 이 메시지는 외교관들이 전달할 내용의 정확성을 기하기 위해 때때로 사용하는 논 페이퍼(Non-paper)였다. 논 페이퍼는 보통 법적 효력은 없지만 통상적으로 외교관들이 커뮤니케이션 방법으로 쓰는 것이다. 이것을 그냥 무시해 버린 것은 북한이 매달리니 오히려 이런 상황이 계속될 것이라는 안일한 판단에서 비롯된 것이었다는 것이 필자의 생각이다.

켈리 특사는 미 국무성을 떠난 뒤 조선일보와의 인터뷰(2005년 6월 24일)에서 "부시를 수신인으로 한 것은 아니었고 내용도 종전과 다르지 않아 상황을 바꾸지는 못했다. 당시 북한은 비밀 우라늄 농축 프로그램에 대한 해명을 요구받고 있었기 때문에 우리를 헷갈리게 만드는 여러 반응들을 전술적으로 보이는 것이라고 생각했다"고 말했다.

북한의 정상회담 요청에 대한 미국 측의 안일한 판단은 당시 켈리 특사의 평양 방문을 수행했던 데이비드 스트로브 국무성 한국과장의 그 후 인터뷰(연합뉴스, 2009년 11월 18일자)에서도 잘 나타난다. 그는 강석주 북한 외무성 제1부부장이 켈리와의 회담에서 고농축우라늄 프로그램을 인정하는 듯한 발언을 하면서 미북 정상회담을 통한 문제 해결을 희망했을 때 북한 당국이 현실을 너무도 모른다는 생각에 고개를 갸우뚱했다고 회고했다. 그는 당시 크게 경색된 미북 관계에서 정상회담은 상상하기도 힘들었음을 감안할 때 북한의 국제관계에 대한 낮은 현실 인식 수준을 보여주는 것이었다고 회고했다.

그러나 필자는 스트로브 과장의 이러한 현실 인식이야말로 전형적인 관료주의적인 생각으로 뒤늦은 변명에 지나지 않는다고 생각한다. 이러한 형식주의적인 판단과 생각이 결국은 일을 크게 그르치는 것이다. 미국이라는 세계 최강 국가의 정상이라면 이러한 형식주의를 뛰어넘을 수 있어야 했다.

불행하게도 미국의 네오콘 세력들은 9.11 사태 후 미국민들의 애국심이 극단적으로 고조되고 정부를 지지하고 있는 상황에서 스스로 '악의 축'이라고 명명한 정권과의 협상이나 타협 같은 것을 생각지 않고 있었다. 그리고 아프가니스탄을 쉽게 점령한 후 미국의 군사력에 대해 자신감에 넘쳐있었다. 부시 정권은 이라크전쟁을 결단한 뒤 이라크전쟁의 승리가 북한에 대한 강력한 압력이 된다는 논리에 기울였으며 이라크 군사작전이 성공하면 북한에 대해서도 굉장히 강력한 지렛대가 될 것이라고 생각했다(후나바시 요이치, 《김정일 최후의 도박》 참고).

이런 상황에서 북한은 굴복시켜야 할 상대이지 협상과 타협의 대상이 아니었다.

결국 미국은 북한에 대한 공세적 입장에서의 협상의 호기를 놓쳤다. 사실은 이때가 북한의 핵 프로그램을 저지할 수 있는 가장 좋은 기회였다. 그들이 가진 것이 없었기 때문이다. 이러한 기회를 미국은 무시했고 오히려 방치했다. 비극의 시작이었다.

미국은 부시 2기 행정부(2005~2009) 때 뒤늦게 북한과 상호연락사무소 개설, 불가침조약 체결 등을 수용했지만 때가 너무 늦었다. 그것만으로 북한이 천신만고 끝에 개발한 핵무기를 포기하게 할 수 없었다. 이후 미국의 버락 오바마 정부(2009~2017)는 전략적 인내(Strategic Patience)라는 포장하에 북핵 문제를 사실상 방치했다. 뾰쪽한 수가 없으니까 그냥 두고 본 것이다. 북한은 이 기간에도 핵무기 고도화에 매진하고 있었다.

돌이켜보면 부시 1기 행정부에서 미국이 우선적으로 처리했어야 할 문제는 이라크 침공이 아니라 북핵 문제 해결이었다. 실체가 없었던 이라크의 핵 개발 의혹이 아니라 영변 핵시설이 엄연히 존재했던 북핵 문제가 우선순위였어야 했다. 나중에 알게 되지만 이라크 침공의 명분으로 삼았던 이라크의 대량살상무기(WMD) 보유와 후세인 정권의 알카에다 등 테러 단체와의 연계도 실체가 없는 것이 밝혀졌다.

결과적으로 부시 정부의 네오콘은 실체가 없었던 일각의 주장에 근거해 2003년 이라크를 침공했으며 사담 후세인 정권을 전복시키고 중동지역을 극도의 혼란에 빠뜨렸다. 테러를 근절한 게 아니라 IS 등 새로운 테러 단체들이 오히려 활개를 치게 했다. 애꿎은 이라크 민간인 등 수십만 명이 목숨을 잃었고 미국의 젊은이들도 4천5백여 명이 전사했다. 이라크의 후세인 정권은 차라리 그대로 두었으면 '아랍의 봄'(2010~2011) 시기에 저절로 무너졌을지도 모른다.

"뛰는 놈 위에 나는 놈 있다"는 말이 있다. 미국이 이라크 침공의 수렁에 빠져들어 갔을 때 북한은 전력을 다해 핵 개발에 매진했다. 그리고 그 결과는 지금 우리가 너무나 잘 알고 있다. 동북아는 북한의 상시적 핵 위협에 노출되어 있고 한국과 일본 등은 북한 핵에 대한 억지력을 위해 어마어마한 돈을 쓰고 있다. 그 기회비용은 말로 다할 수가 없다.

5 : 북한의 '벼랑 끝 전술'에 속수무책이었던 미국 네오콘

　　북한 외교는 '벼랑 끝 외교'라는 표현이 상징하듯이 기본적으로 생존을 위한 외교이기 때문에 절박하고 강할 수밖에 없다. KEDO가 중유 공급을 중단하자 북한은 단 2~3개월 사이에 영변의 핵시설에 대한 동결을 해제하고 나왔다. 미국은 북한이 이렇게 전광석화와 같이 전격적으로 대응하고 나올지는 예측하지 못하고 있었다.

　　프리처드 대사는 2011년 11월 7일, 필자(당시 한중일협력사무국 TCS 사무총장)와의 면담 시 중유 공급 중단 시 북한이 강력하게 대응할 것이라는 점을 파월 국무장관에게 충분히 설명했고 파월 장관도 이를 알고 있었다고 했다. 다만 북한이 제네바합의를 무산시키는 제반 조치를 시행에 옮기기까지 대략 7-~8개월 정도 걸릴 것이라고 예상했으나 실제로는 이보다 훨씬 짧은 기간 내에 벼랑 끝 전술을 신속하게 이행했다고 말했다. 북측은 아주 용의주도하게 중유가 공급되던 11월엔 아무런 반응을 보이지 않다가 이것이 완료된 것을 확인한 뒤 바로 벼랑 끝 전술에 들어갔다고 말했다.

　　미국은 일단 11월분 중유 공급을 중단하고 그 뒤 북한의 반응을 보아가며 대응해 나가겠다는 판단이었던 것 같다. 미국이 KEDO 집행이사회 성명을 통해 '여타 KEDO 활동도 재검토'할 수 있다고 했을 때는 경수로 중단 가능성이 대북 지렛대로 작동될 수 있을 것으로 본 측면도 있었다.

뉴욕에서 KEDO 집행이사회가 열려 대북 중유 공급 중단 문제를 협의하고 있을 때 필자는 바로 현장에 있었다. 미국 측 대표이던 프리처드 대표는 회의 중간 수시로 백악관 안보실에 회의 경과를 보고하고 있었다. 당시 필자를 포함한 여타 KEDO 집행이사국 대표들은 미국 측의 동향을 보며 일희일비하는 기분이었는데, 결국 미국 측이 자신들의 생각대로 되지 않을 경우 KEDO 탈퇴까지 거론하자 절망감을 느꼈던 기억이 생생하다. 강대국의 횡포였다.

어쨌든 미국은 북한이 경수로 문제들을 포함해 단계적으로 대응 수위를 높이면서 협상을 요구하고 나올 가능성을 염두에 두었다고 할 수 있다. 그러나 미국의 이러한 판단은 북한이 초단기간 내에 핵시설 동결 해제와 NPT 탈퇴와 같은 일련의 조치들을 해버림으로써 처음부터 어긋났다.

후나바시 요이치 기자는 그의 저서 《김정일 최후의 도박》에서 북한 정책에 관여해 온 한 미국 정부 고위관리가 "우리는 북한의 에스칼레이션에 대한 준비가 충분하지 않았다. 중유 공급을 중단한 뒤 어떤 결과가 발생할지 주의 깊게 생각하지 않았다. 지금 돌이켜 보면 그게 최대의 잘못이었다"고 회상했다고 썼다.

당시는 부시 행정부가 2003년 3월로 예정된 이라크 침공을 앞두고 준비에 박차를 가하고 있을 때였다. 부시 행정부는 우선적으로 이라크 공격 준비에 모든 노력을 집중시키고 있었다. 한쪽에 어마어마한 군사력을 집중시키며 무력시위를 하고 있는 상황에서 감히 북한이 미국의 뒤통수를 치는 일을 할 것으로 생각하지 못했을 수도 있다. 그만큼 기세등등했고 어느 점에서 지나치게 자신만만했다고 할 수 있다. 대북 강경파였던 체니 부통령의 회고록이나 볼턴의 회고록, 부시 대통령 회고록 등 어느 곳에도 사전에 유효한 대응책을 검토했던 흔적이 나타나지 않는다.

라이스 국무장관은 부시 행정부가 기본적으로 북한에 대해 끊임없이 압박을 가하는 정책을 선호하고 있었으나 실제로는 두 가지 문제점으로 인해 아무런 유효한 정책수단이 없었다고 밝혔다. 첫째는 제네바 합의를 체결할 당시 클린턴 행정부의 정책담당자들 사이에는 합의사항을 제대로 이행하기 전에 북한이 붕괴할 가능성이 있다는 생각을 가지고 있었다. 그러나 북한은 생각보다 끈질기게 체제를 유지해 나가고 있었다, 다른 하나는 정권 교체(Regime Change) 전략도 중국과 한국이 호의적이지 않은 상황에서 추진이 쉽지 않았고 또 군사적 옵션도 미 국방성이 한반도에서의 군사 분쟁을 원하지 않는 상황에서 현실적 대안이 되지 않았다고 밝혔다.

반면 북한은 오히려 미국의 허를 찌르는 대담한 전략을 구사했다. 부시 행정부가 이라크 침공 준비에 몰두해 있는 상황에서 북한에 대해 군사적 대응은 할 수 없을 것으로 판단했을 것이다. 또한 남북한의 대치구도상 북한에 대한 공격이 현실적으로 어려울 것으로 생각했을 수 있다.

프리처드 대표는 "부시 행정부가 평양으로 하여금 향후 핵무기 프로그램의 진전 선언을 하도록 내버려두고 예고된 조치들을 하나하나

행동으로 이어갈 때도 지켜만 보고 있었던 것은 변명의 여지가 없으며 부시 행정부는 클린턴 행정부가 했던 것에 비해 오히려 온건했다"고 밝혔다. 그는 "1993년 클린턴 대통령은 북한이 사용 후 연료를 재처리 해서 플루토늄을 추출할 가능성이 높아지자 전쟁을 준비했으나 부시 행정부는 북한이 사용 후 연료를 재처리하고 플루토늄을 두 번 추출해 추가적으로 8기의 핵무기를 만들 수 있는 양을 얻을 때도 여전히 침묵을 지켰다"고 언급했다.

켈리 방북과 농축우라늄 사태에 이은 북핵 문제의 전개과정은 게임 이론 가운데 하나인 치킨게임 이론을 원용하여 설명할 수도 있다. 고농축우라늄 사태로 야기된 2차 북핵 위기에서 초기에는 미국 측이 북한을 몰고 가는 게임 전략을 구사했지만 막상 북한이 핵 동결 해제와 NPT 탈퇴 등 극단적 벼랑 끝 전술로 맞받아치고 나오자 더 이상의 충돌을 회피한 양상으로 상황이 전개되었다고 할 수 있다.

게임 이론은 국제정치학에서 사용되는 이론 가운데 하나이다. 1950년대 미국 젊은이들 사이에서 유행하던 자동차게임의 이론이다. 이 게임은 한밤중에 도로의 양쪽에서 두 명의 경쟁자가 자신의 차를 몰고 정면으로 돌진하다가 충돌 직전에 핸들을 꺾는 사람이 지는 경기이다. 핸들을 꺾은 사람은 겁쟁이, 즉 치킨으로 몰려 명예롭지 못한 사람으로 취급받는다. 그러니 어느 한쪽도 핸들을 꺾지 않을 경우, 게임에서는 둘 다 승자가 되지만 결국 충돌함으로써 양쪽 모두가 자멸하게 된다. 즉 어느 한쪽도 양보하지 않고 극단적으로 치닫는 게임이 바로 치킨게임이다.

이 용어가 1950~1970년대 미국과 소련의 극심한 군비경쟁을 꼬

집는 용어로 차용되면서 국제정치학 용어로 굳어졌다. 정치학자들은 1950~1980년대의 남북한 군비경쟁 1990년대 말 이후 계속되고 있는 미국과 북한의 핵 문제를 둘러싼 대립 등도 치킨게임의 대표적인 예로 언급하고 있다.

켈리 특사가 북한에 고농축우라늄 개발 상황을 통보하고 협상을 거부하며 중유 공급을 중단한 것은 미국의 전술이었다고 할 수 있다. 북한이 이와 관련 즉각적인 대응조치를 취하지 않고 미국과의 협상을 계속 요구하고 그 과정에서 협상이 이루어졌다면 일단 그 단면에서는 미국의 전술이 성공했다고 할 수 있을 것이다.

그러나 북한은 벼랑 끝 전술로 맞대응하고 나왔다. 불과 몇 달 만에 핵 동결 해제와 IAEA 사찰단 추방, NPT 탈퇴 재처리 등의 절차를 밟은 것이다. 미국이 벼랑 끝 전술로 계속 나갔다면 아마도 군사적 대응 같은 것이 될 수 있었을 것이다. 그러나 미국은 당시 이라크 전쟁 준비에 몰두하고 있었으며 또한 한반도에 전쟁 발발의 위험성이 있는 군사적 옵션은 현실적으로 택하기가 매우 어려운 것이었다. 양측의 극단적 충돌로 갈 수도 있는 상황에서 미국이 더 이상의 극단적 게임을 회피했다고 할 수도 있다.

치킨게임에서는 북한과 같이 죽느냐 사느냐의 사생결단으로 나서는 쪽이 유리하다고 할 수 있다. "죽음을 각오한 자 당할 자 없다." 북한이 자주 쓰는 말이다. 부시 행정부는 그런 점에서 북한의 속성을 충분히 모르고 있었다. 프리처드 대사는 2011년 11월 7일 필자와의 면담 시 부시 행정부는 북한이 핵 동결 해제라는 벼랑 끝 전술전략으로 나왔을 때 사실상 속수무책이었다고 말했다. 그러나 당시의 대북 정책 결정 과정을 주도했던 네오콘들은 그 후에도 잘못된 판단과 실책에 대해 아무도 인정하지 않았고 회고록 등에서도 언급하지 않았다고 설명했다.

실제로 북한이 불과 몇 달 사이에 제네바합의를 완전히 되돌리는 조치를 취했음에도 불구하고 부시 행정부는 이 문제를 다자회담으로 가져간 것 이외에는 별다른 대응을 하지 못했다. 전략적 무시라고 했으나 실제로는 무대응에 가까운 것이었다.

미북 제네바합의로 인한 북한의 플루토늄 핵 활동 동결은 거의 8년 간 유효하게 진행되었지만 파기되는 데는 불과 수개월밖에 걸리지 않았다. 그리고 그 시점부터 사실상 핵 개발 저지는 돌아올 수 없는 강을 건넜다. 미국이 북핵 문제를 6자회담이라는 다자간 협상에 돌렸지만 이미 엎질러진 물을 다시 주워담으려는 노력에 지나지 않았다. 결과적으로 북에 핵 개발 시간만 준 격이 되었다.

북한이 영변의 핵시설 동결을 해제한 2003년 초부터 불과 2년밖에 되지 않는 시점인 2005년 2월 10일, 북한이 핵무기 보유선언을 했다. 그리고 미사일 발사 유예조치도 철회했다. 부시 대통령의 제2기 정권이 출범한 직후였다. 다시 5월에는 핵연료봉 추출을 완료했다고 발표했다. 2005년 6자회담에서 9.19 합의를 만들어 냈지만 깨진 독에 물을 붓는 격이었다. 잠깐의 환상을 주었지만 실제로는 큰 의미가 없었다. 2006년 10월 9일에는 북한이 1차 핵실험을 강행했다.

1차 핵실험 당시 북한은 미국의 군사적 조치 가능성에 대해 나름 검토를 했던 것 같다. 태영호의 회고록에도 이 부분이 나온다. "2006년 10월 9일 1차 핵실험을 감행했다. 이 과정에서 미국이 우리를 공격할 것인가를 면밀히 검토했다. 그런데 이라크 전쟁 후의 악화된 여론, 즉 이라크 내 대량살상무기 부재, 영국과 미국 관계 등을 고려할 때 미국은 절대 북한을 공격하지 못할 것이라는 결론에 도달했다."

미국과 북한이 벌인 치킨게임을 게임 이론의 매트릭스를 이용하여 분석하면 아래와 같이 설명될 수 있을 것이다.

게임 이론으로 본 북한과 미국의 게임 매트릭스

		Player 2 (북한)	
		타협 (회피)	비타협 (충돌)
Player 1 (미국)	타협 (회피)	(0, 0)	(-1, 1)
	비타협 (충돌)	(1, -1)	(-10, -10)

1) 먼저 켈리 특사가 북한의 고농축우라늄 계획을 추궁하면서 북한과의 협상 또는 대화를 거부한 것은 미국의 벼랑 끝 전술, 즉 비타협으로 볼 수 있다. 이에 대해 초기에 북한이 협상을 요구한 것은 매트릭스상의 회피, 즉 타협에 해당한다고 볼 수 있다. 초기 게임은 player 1(미국)의 비타협과 player 2(북한)의 타협 양상으로 시작되었다. 이후에도 미국은 협상을 거부하고 중유 공급 중단이라는 강수를 계속 밀고 나갔는데 만약에 북한이 어떤 형태로든 굴복했으면 매트릭스상으로는 미국의 비타협과 북한의 타협으로 미국이 1점, 북한이 -1점으로 미국이 승리한 게임이 된다.

2) 그 후 실제 전개된 상황은 미국의 중유 공급 중단 등에 대해 북한이 협상에 매달리지 않고 핵 동결 해제와 NPT 탈퇴 등 벼랑 끝 전술로 맞받아치고 나온 것이다. 문제는 그 이후 미국의 대응인데, 미국은 더 이상의 벼랑 끝 전술(군사적 조치 등)을 취하지 않았다. 매트릭스상의 북한의 비타협과 미국의 타협 양상으로 북한이 1점, 미국이 -1점이 되어 북한이 성공한 게임으로 끝났다고 할 수 있다.

3) 상기 상황을 전반적으로 분석해 보면 미국은 초기에 유리한 국면에서 게임을 시작했으나 결과적으로는 북한에 진 게임으로 상황이 종료되었다고 할 수 있다. 다만 미국이 북한의 벼랑 끝 전술에 대해 회피(타협)하지 않고 군사적 조치 등 강경 대응으로 나왔으면 한반도에 전쟁 발발 등 최악의 상황이 전개(매트릭스상의 비타협과 비타협의 충돌로 양쪽 모두 -10점의 최악의 상황)되었을 수도 있었을 것이다.

4) 따라서 상기 게임 이론상으로는 미국이 택할 수 있었던 가장 합리적 대응은 북한이 협상을 요구하고 나왔을 때 미국도 이에 응해 협상을 통해 문제를 해결하는 것이었다. 미국이 북한과의 협상에 응해 양측 간 협상이 타결되었을 경우에는 매트릭스상의 스코어로 양측 모두 제로 제로의 양상으로 어느 쪽도 이기지는 못했지만 그렇다고 어느 쪽도 지지 않은 무승부 게임으로 분석될 수 있을 것이다.

6 : '북한 붕괴설'이라는 신기루와 핵 문제

　북핵 문제 해결과정에서 한국과 미국의 대북 정책에 끊임없이 영향을 미쳤던 것이 북한 정권이 내부적인 문제(경제난, 정치적 불안정, 엘리트의 이탈, 민중의 불만 등)로 조만간 무너질 것이라는 붕괴설이었다. 북한 붕괴설은 1989년 11월, 베를린 장벽이 무너지고 이어 동구권이 붕괴되던 1990년대 초부터 나왔다.

　필자는 당시 외교부 본부에서 북한 정세를 분석하는 특수정책과장(1992~1994)이라는 직책에 있었는데 미국과 중국에서 들어오는 보고서는 내용이 많이 달랐다. 미국의 전문가들은 대체로 북한이 곧 소련이나 동구권 국가들과 같이 붕괴될 가능성이 크다고 판단했다. 반면 중국 정부나 중국 내 북한 전문가들은 일관되게 붕괴 가능성을 희박하게 보았다. 동구권은 그동안 서구와의 접촉면이 넓었던 반면 북한은 외부와 완전히 격리되어 있어 사정이 다르다는 분석이었다.

　북한은 동구권이 붕괴되고 러시아와 중국 모두로부터 버림받던 시기 체제 생존을 위해 나름대로 최선을 다했다. 체제 생존의 최선의 길은 세계 최강 워싱턴과의 화해라고 판단했다. 그리고 그런 화해는 힘을 바탕으로 해야 했다. 힘을 보여줄 수 있는 유일한 방법은 핵무기 개발이었다. 이를 통해 자국과 체제의 장기적 생존을 어느 정도 보장받고자 했다.

당시 모든 정세는 북한에 불리하게 돌아가고 있었다. 1990년 9월, 한국과 소련이 수교했고 그해 10월, 동독이 서독에 흡수되는 형태로 독일 통일이 이루어졌다. 같은 달 한중 간에는 무역대표부 설치가 합의되었고, 1991년에는 소련이 해체되었다. 그리고 1992년에는 한국과 중국이 수교했다. 한국에 망명한 북한의 태영호 전 주영공사는 《3층 서기실의 암호》를 통해 "한중 수교가 이루어졌을 때 북한 외무성 성원들은 피눈물을 흘렸다"고 증언했다.

이런 상황 속에서 1994년 7월 김일성 주석이 사망하자 한국 TV에 출연한 한국의 한 저명한 북한 전문가는 북한이 빠르면 3일 뒤, 늦어도 3년 안에는 붕괴될 것이라고 자신 있게 말하기도 했다. 그게 서울의 분위기였다. 실제로 당시 북한 경제는 극도로 어려운 상황에 있었다. 연방의 해체 후 소련의 막대한 대북 경제 지원이 중단되었고 1990년대 후반 수년간 계속된 자연재해 등으로 수많은 사람이 굶어 죽는 참사가 일어났다. 소위 '고난의 행군' 시기다. 이 시기 사회주의 경제의 기본 체제인 배급제도가 붕괴되어 지방에서는 장마당이 생겨나는 등 경제 체제가 크게 흔들렸다. 북한 붕괴설은 이러한 상황 속에서 제기됐다.

1994년 북미 간 제네바합의가 타결되었을 때도 북한 붕괴설이 배경의 하나로 거론됐다. 미국에서 경수로 원전 제공에 대한 비판이 나오자 북한이 조만간 붕괴할 테니 원전 제공 문제를 가지고 너무 왈가왈부할 필요가 없다는 이야기가 나오기도 했다. 다른 한편으론 북한이 제네바합의에 서명한 것도 실제 합의를 이행할 의사가 있었다기보다 우선 북한이 처한 절체절명의 위기를 일단 모면하기 위한 방편이라는 분석도 있었다.

필자는 주인도 대사로 근무할 당시(2018~2021) 뉴델리 주재 마틴 네이(Martin Ney) 독일 대사로부터 제네바합의와 북한 붕괴설과의 관련성에 대한 이야기를 들은 적이 있다. 네이 대사는 자신이 1993~1997년까지 워싱턴 주미대사관에 근무하면서 제네바합의에 의해 설립된 KEDO를 지원하는 업무를 담당했다고 말했다. 그는 '북핵 문제가 여기에 이른 주된 원인은 2001년 등장한 네오콘의 부시 행정부가 제네바합의를 무효화하고 북한을 궁지로 몬 것(Put North Korea in a hole)이라고 말했다. 그는 이러한 정책 판단이 "북한이 곧 붕괴될 것이라는 잘못된 환상에 근거한 것으로서 미국의 외교 역사상 가장 중대한 실책 중의 하나"라는 견해를 밝혔다.

한편으로 북한은 당시를 전후해 미국, 영국 등 강대국과의 수교를 통해 북한의 안전과 체제를 보장받으려고 노력했던 것으로 보인다. 1991년 남북한이 유엔에 동시 가입했을 때 북한은 "한국과 수교한 소련으로부터 그 대가를 받아내야 한다. 중소가 조선과 미국의 외교관계 설정을 보장해야 하며 이를 관철해야 한다"는 판단을 했다고 태영호는 증언하고 있다. 1992년 1월, 김용순 당국제부장이 방미해 아놀드 켄터 미 국무차관과 회담했을 당시에는 "남조선에 주둔한 미군 철수를 요구하지 않는 대신 조미 수교를 원한다"는 파격적 제안을 하기도 했다.

태영호는 "북한의 남은 문제는 중소의 지원을 받아 미국, 일본과 수교하는 것이었다. 그래야만 김정일이 애초에 노렸던 남북교차승인이 이루어진다. 그런데 중국은 북한과 미국이 외교관계를 설정할 수 있게 중재하지 않고 오히려 미국 편에 섰다. 중국은 북한이 핵의혹을 해결해야 미국과의 외교관계가 가능할 것이라며 상처 난 곳에 소금까지 뿌렸다"고 증언했다.

필자는 외교부 본부 특수정책과장 재직(1992~1994) 당시 '북한의 NPT 복귀 및 핵 개발 포기와 미-북한 국교 수립 연계 방안'이라는 정책 페이퍼를 작성해서 외교부 리더십과 청와대에 보고한 일이 있었다. 7개 항목으로 된 정책 보고서 요지는 대개 이런 것이었다. 북한이 핵을 가지려는 이유는 체제 유지다. 그런데 IAEA와 안보리를 통한 다자간 대북압력에는 한계가 있다. 그러므로 북한의 NPT(핵비확산조약) 복귀와 핵 개발 포기를 위해서는 강력한 인센티브를 제공할 필요가 있다. 그 인센티브는 미-북한 관계 정상화다. 이를 위해 남북한 미국 3자 간 진지한 협상을 할 필요가 있다. 이 페이퍼는 미-북한 관계 정상화가 남북한 관계 및 통일에 미칠 영향을 마지막 항목으로 넣었다.

북한은 자신의 체제 안전 보장을 해줄 수 있는 나라가 미국밖에 없다는 생각을 가지고 있었다. 나는 당시 미북 국교 수립 정도면 북한이 핵 포기에 전향적으로 나올 수 있다고 보았다. 당시 북한은 아직 핵 개발이 초보적 단계에 있을 때였다. 미국이 내놓을 수 있는 카드는 미북 국교 정상화, 팀스피리트(T/S) 한미군사훈련 중지, 북한의 일본 EU 등과의 수교 측면 지원 등을 생각했다. 또한 이 과정에는 경제협력도 포함되었다. 북한이 내놓을 수 있는 카드는 NPT 복귀, 핵 개발 완전 포기, 미사일 수출 금지 등이었다. 북한 붕괴가 아니라 남북한 공존과정을 통해 핵 문제를 해결해야 한다는 주장이었다.

이 보고서는 외교부 장관과 청와대로부터 좋은 평가를 받았지만 실천되지는 못했다. 큰 비전을 가진 최고지도자의 톱다운식 강력한 추진력이 동반되었어야 가능한 일이었다. 관료들은 이런 일을 할 수가 없다. 그러나 30년이 지난 지금도 실천력이 있는 보고서였다는 생각이 든다.

2000년대에 들어서도 북한 붕괴설과 관련한 이야기는 계속됐다. 북한의 김정일 위원장의 입에서도 나왔다. 김정일 위원장은 2000년 6월 13~14일 평양에서 개최된 남북 정상회담에서 "남에서는 원래 우리를 소련의 위성국이라 해서 북괴라 했고 이제는 소련도 무너졌으니 그 괴뢰에 불과한 북조선도 곧 붕괴될 거라고 주장하지 않습니까?"라고 말했다(《김대중 자서전》 참고).

이즈음 미국의 최고지도자도 북한 붕괴설을 이야기했다. 2002년 2월 20일, 부시 대통령이 방한해서 한미 정상회담을 했을 때 부시 대통령은 "김정일 위원장은 자기 백성을 굶주리게 하고 인권을 유린하는 악랄한 독재자입니다. 북한에 자유의 바람을 불어넣어 체제를 붕괴시켜야 합니다"라고 말했고 이에 김대중 대통령이 "북한의 안전을 보장하고 살길을 열어주면 북한은 핵과 대량살상무기를 틀림없이 포기할 것입니다"라고 말했다고 한다(《김대중 자서전》 참고).

북한 붕괴설은 지금도 계속되고 있다. 수년 전 통일부 간부 직원이 탈북민들의 증언을 토대로 북한이 1990년대 동구권 붕괴 당시의 상황과 비슷하며 조만 붕괴될 가능성이 있다는 분석을 내비치는 것을 들은 적이 있다. 한국의 저명한 보수 언론인사는 김대중 대통령 당시 5억 달러의 대북한 송금만 없었어도 당시 북한이 붕괴됐을 것이라는 이야기를 하기도 했다.

나는 최근 평양에서 대사대리로 근무한 경험(2018~2021)이 있는 콜린 크룩스 주한 영국대사로부터 북한 붕괴설에 대한 견해를 들은 적이 있다. 그는 그렇지 않아도 윤석열 정부의 통일부 고위인사가 북한 붕괴 가능성(인민에 대한 통제력을 완전히 상실하는 것)에 대해 자신의 견해를 물어본 적이 있다고 말했다. 그런데 그 고위인사는 붕괴 가능성을 50대 50 정도로 본다고 말했는데 자신은 북한의 붕괴 가능성은 제로라고 말했다고 한다. 굳이 있다면 1%도 안 되는 가능성인데 그것도 아래로부터의 붕괴 가능성은 없으며 권력 내부의 승계과정에서 발생할 혼란으로 본다고 말했다. 그는 북한 붕괴설에 입각한 한국의 대북 정책은 완전히 희망 사항일 뿐으로서 심각한 오류가 될 수밖에 없다고 말했다. 필자가 오랜 외교관 생활 동안 듣고 관찰한 해외에서의 다른 국가 외교관들의 의견도 대부분 동일했다.

문제는 때때로 미국과 우리 정부의 대북 정책이 이러한 희망적 사고에 입각한 북한 붕괴설에 기반해서 이루어졌다는 것이다. 그 정책적 실천은 '고립과 압박'이라는 형태로 나타났다. 한국의 보수 정부는 '곧 무너질 정권에 퍼주기는 의미가 없다'는 논리로 인도주의적 지원이나 교류를 거부했다. 인도적 지원이나 대화는 북한 정권의 유지에 도움을 준다는 논리였다. 그러나 '고립과 압박'은 북한 주민들에게 고통만 주었을 뿐 북한 체제의 변화와 핵 개발 저지에는 도움이 되지 않았다는 것이 필자의 생각이다. 백성은 굶어 죽어도 정권은 망하지 않는다. 애꿎은 백성만 죽어난다.

필자가 주인도 대사 재직 시(2018~2021) 핵보유국인 인도 정부의 고위관계자로부터 이와 관련한 코멘트를 들은 일이 있다. 그는 고립과 압박은 북한을 더욱 핵 개발에 매달리게 할 것이라고 말했다. 그것밖에 방법이 없기 때문이라는 것이다. 인도도 1998년, 핵실험 후 미국으로부터 엄청난 경제적 제재를 받았으나 그러면 그럴수록 더욱 핵 개발에 매달렸다는 것이다.

그보다 훨씬 전의 이야기지만 2003년 7월, 현실주의 외교의 달인 키신저 전 미 국무장관(1923~2023)이 한국을 방문해 윤영관 외교부 장관을 만났을 때 북한을 어떻게 다루어야 할 것인가에 대한 그의 시각을 직접 들은 적이 있다. 키신저 박사는 "국가체제는 생각처럼 외부적 압력에 의해 쉽게 전복되는 것이 아니다. 과거 유럽의 예를 보더라도 체제는 내부로부터 전복되었다. 관련국들이 북한의 체제전복을 원하는 것처럼 비치지 말아야 한다"고 말했다.

필자는 노태우 정부(1988~1993)가 북방외교의 최종목적은 평양을 개방시키는 것이라고 말했던 대로 당시 미북 수교가 가능하도록 노력했어야 했다고 생각한다. 소위 한반도 4강 간 교차승인을 통해 북한의 체제 불안을 해소해 주어야 했다. 그때는 미북 수교가 대북 지렛대로서 큰 가치가 있었다.

북한이 1차 핵실험을 한 이후인 부시 2기 행정부(2005~2009) 때 미국은 북한과 상호 연락사무소 개설에 합의하고 북측이 워싱턴의 연락사무소 부지도 둘러보고 했지만 그때는 너무 늦었다. 북한 외무성은 이 안을 밀었지만 북한 보위부가 반대한 것으로 알고 있다.

돌이켜 보면 북한 붕괴설은 정책 기반이 아닌 이데올로기적 환상이었다. '북한은 무너져야 한다'는 당위적 관점에서 정책이 설계된 경우가 많았다. 거기에 무너진 북한을 손쉽게 흡수통일 할 수 있다는 기대도 오랫동안 존재했다. 그러나 북한은 장마당을 중심으로 한 비공식 시장경제로 고립 속에서도 경제적 자생력을 키웠고 권력 세습의 성공, 내부 통제 강화, 외부 지원 확보 등으로 정권의 생존 기반을 확보해 왔다. 이제 북한 붕괴설이라는 신기루 같은 희망적 사고에 입각해서 대북 정책을 설계할 때는 지났다. '교류와 협력'을 통해 관리 가능한 변화를 지향해야 한다.

4장

배경 상황

1 : 해빙의 한반도, 남북한 대접촉의 시대

부시 정부 네오콘의 잘못된 판단과 대북 정책은 한반도에서의 화해와 동북아의 지정학을 바꿀 대변화를 뭉개버린 큰 오류를 범했다. 단순한 북핵 저지 실패뿐 아니라 남북한의 평화 만들기도 무너뜨려 버린 돌이킬 수 없는 실책이었다.

2002년을 전후한 한반도에는 상당한 화해 무드가 조성되어 가고 있었다. 김대중 정부(1998~2003)가 대북 화해 협력 정책인 '햇볕정책'을 강력히 펴나가고 있었고 일본에서는 고이즈미 정부(2001~2006)가 등장해 북한과의 관계 정상화를 추구하고 있었다. 당시 남북한 간에는 경수로 원전 건설인력의 빈번한 내왕을 포함해 그 어느 때보다도 활발한 교류가 진행되고 있었다. 대화해, 대접촉의 시대였다.

먼저 한국에서는 1998년 2월 25일, 김대중 정부가 출범해 햇볕정책이라고 불린 대북 포용 정책을 추진했다. 김대중 대통령은 취임사에서 대북 정책의 세 가지 기본원칙을 제시했다. 첫째는 북한의 무력 도발을 용납하지 않겠다는 것이었으며 둘째는 북한 정권을 와해시키거나 흡수할 의도가 없다는 것, 셋째는 남과 북의 화해 협력이었다. 김대중 정부는 이러한 대북 정책 원칙을 근간으로 남북한 간의 교류와 화해 협력 정책을 적극 추진했다.

- **천재 기업인 현대그룹 정주영 회장의 소떼 방북**

김대중 정부의 햇볕정책의 기조하에 현대그룹의 정주영 명예회장이 1998년 중 두 차례에 걸쳐 소떼 1,001마리를 이끌고 방북했다. 원래는 1,000두였는데 정 회장이 끝자리가 0으로 끝나는 것보다 다시 시작을 의미하는 하나(1)가 좋다고 하여 1,001두가 되었다고 한다. 정 회장은 그해 6월 16일, 소 1차분 500마리를 적십자사 마크를 단 흰색 트럭 수십 대에 싣고 판문점을 통해 방북했다. 1차 방북 시 정 회장은 8일간 북한에 머물면서 북측과 금강산 관광개발 사업 추진 등에 합의했다.

4개월 후인 10월 중 정 회장은 2차로 501마리의 소떼를 몰고 북한을 방문했다. 현대그룹은 두 차례의 소떼 방북 중 트럭과 사료를 포함하여 41억7천7백만 원의 비용을 부담했다. 정 회장은 2차 방북 시 김정일 위원장과 숙소인 백화원 초대소에서 두 차례 면담했다. 2차 방북 직후인 1998년 11월 18일에는 금강산 관광사업이 시작되어 '금강호'가 첫 출항을 했다.

정주영 회장은 17세 때 현재 북한 지역인 강원도 통천군 아산리의 고향집에서 부친의 소 판 돈 70원을 들고 몰래 가출한 실향민이었다. 1998년 1차 소떼 방북 때 그의 나이 83세였다. 그는 방북 시 "한 마리의 소가 1,000마리의 소가 되어 그 빚을 갚으러 고향 산천을 찾아간다"고 감회를 밝힌 바 있었다. 정 회장이 소떼 방북을 기획한 것은 1992년부터였다고 한다. 햇볕정책이 천명되기 전부터 그는 남북 관계와 관련한 획기적 비전을 가지고 있었던 셈이다. 그는 자신의 서산농장에 소 150마리를 사주면서 방목을 지시했다. 소떼 방북 당시 충남 서산시 부석면 간척지에 조성된 현대서산농장 70만 평의 초원에는 3천여 마리의 소가 방목되고 있었다.

소떼 방북 당시 한국은 외환위기 직후의 어려운 경제 상황이었으며 북한은 소련 해체 후 대북 원조가 단절된 데다 홍수 등 자연재해가 겹쳐 '고난의 행군'이라는 극도의 어려운 경제 상황이 계속되고 있을 때였다. 정 회장의 소떼 방북 사건은 그 후 10여 년간 비약적으로 성장한 남북 민간교류의 물꼬를 튼 기념비적 사건이었다.

소떼 방북은 미국의 CNN이 생중계할 정도로 국제적인 뉴스였고 외신들은 분단국가인 남북한의 휴전선이 개방되었다고 보도했다. 세계적인 미래학자이자 문명 비평가인 프랑스의 기소르망은 소떼 방북에 대해 '20세기 최후의 전위예술'이라고 표현하기도 했다. 한국의 천재 기업인 정주영이 남북 관계에 남긴 획기적 업적이었다.

- **6.15 남북 정상선언과 금강산 관광, 개성공단 사업**

2000년 6월 13일에는 김대중 대통령이 평양을 방문해 김정일 위원장과 분단 반세기여 만의 첫 남북 정상회담을 하고 6.15 공동선언을 발표했다. 5개 항의 발표문 중에는 '남한의 연합 제안과 북한의 낮은 단계의 연방 제안의 공통성을 인정하고 이 방향에서 통일을 지향'키로 하는 내용과 '경협을 통하여 민족경제를 균형적으로 발전'시킨다는 내용 등이 포함되어 있었다.

　국제사회의 관심도 엄청났다. 그해 11월 23일 ASEAN+3(한중일) 정상회의 참석 시 김대중 대통령이 리콴유 싱가포르 총리와 만났는데 그는 남북 정상회담에 대해 "전술적 변화인지 정략적 변화인지 아니면 근본적인 변화인지 잘 모르겠으나 북한도 통제할 수 없는 변화입니다. 매년 기술이 북한에 유입되고 인적 접촉이 증대하고 더 많은 투자가 이뤄진다면 북한은 지금과 전혀 다른 세상이 될 것입니다"라고 말했다 (《김대중 자서전》 참고).

　2000년 6월, 남북 정상회담을 전후해 한국의 재계는 경쟁적으로 북한 관련 사업 아이디어를 내놓았다. 1998년 11월 18일에는 현대그룹과 북한 조선아시아태평양평화위원회 간의 합의에 따라 금강산 관광 사업이 시작되었다. 초기에는 해로를 통한 관광 사업이 주를 이루었으나 2003년부터는 육로 관광이 도입되어 접근성이 크게 향상됐다. 이후 관광 코스가 확대되고 숙박 및 문화시설이 확충되면서 관광객 수가 증가하여 2005년에는 누적 관광객 수가 1백만 명을 돌파했다. 2008년에는 2백만 명 돌파를 눈앞에 두고 있었다. 금강산 관광과 관련한 10년간의 대북 송금액은 약 4억8천7백만 달러에 이르렀다.

　그런데 2008년 7월 11일, 남측 관광객 박왕자 씨가 새벽에 숙소 근처 해변 산책을 나갔다가 북한군 초병의 총격(북측은 박왕자 씨가 군사구역 침범 경고에도 불구하고 계속 접근했다고 주장)으로 사망하는 사건이 발생했다. 이 사건으로 한국 내 여론이 악화되면서 금강산 관광이 중단됐다. 그 후 남북 간의 협의가 이루어졌으나 관광 재개에 대한 합의는 도출되지 않았다. 이후 2010년에는 북한이 금강산 관광지구

내 남측 자산을 몰수하고 현대아산의 독점사업권을 몰수하는 조치를 취했고 현재까지 관광은 중단된 상태로 있다.

한편 2000년 8월에는 현대아산과 북측이 개성공단 사업에 합의했다. 2003년 6월 30일에 공단 1단계 착공식이 개최되었다. 총면적 2천만 평 규모(공단 8백만 평, 배후도시 1천2백만 평)의 대단히 야심적인 경제 프로젝트였다. 운영 방식은 북측이 토지와 노동력을 제공하고 남측은 자본과 기술을 투자하는 형태였다. 공단에는 한국으로부터 최대 124개 기업이 입주했고 한창때는 5만여 명의 북한 근로자들(3천여 명의 남측 인원도 상주)이 일을 했다. 근로자 1인의 월 급료는 100불에서 150불 수준이었다. 이에 따라 연간 약 1억 달러 규모의 돈이 북한으로 유입되었다.

개성공단 설립은 군사적 긴장 완화의 의미도 있었다. 공단이 설립된 곳은 원래 북한군 1개 사단 및 장사포 포병 연대가 주둔하던 지역이었다. 개성 공업지구가 설립되면서 북한군 주둔지가 최소 10 km 이상 북진하여 북한군의 전략적 이점이 상당히 줄어들었다. 특히 장사포 포병 여단의 경우 개성공단 설립 이전에는 서울 용산지역을 사정거리로 두었으나 이후에는 서울 북방 변두리까지만 타격이 가능해졌다.

2000년 9월에는 경의선 철도 연결 사업 기공식이 개최되었다. 철도 연결 사업은 2002년 9월 18일 비무장지대(DMZ) 구간에 대한 공사 착공을 시작으로 공사를 진행하여 2003년 6월 14일에는 연결식이 개최됐다.

한편 현대그룹이 2000년 6월 남북 정상회담 개최 전에 북한에 4억5천만 달러를 송금했다는 의혹이 제기되어 노무현 정부 출범 후인

2003년 대북송금특별법이 도입되어 수사를 했다. 수사 결과 현대 측이 대북 7대 사업(전력, 통신, 철도, 통천비행장, 임진강댐, 금강산 수자원, 명승지) 대가와 정상회담 성사를 위해 현금 4억5천만 달러와 현물 5천만 달러를 비밀리에 북한에 전달했음이 밝혀졌다. 5억 달러 중에는 남북 정상회담 대가로 김대중 정부가 북측에 건네기로 한 정책자금 1억 달러도 포함되어 있었다. 대북 송금과 관련한 수사 및 재판 결과 일부 관련자들이 송금과 관련한 실정법 위반으로 사법 조치를 받았다.

후에 김대중 대통령은 "국민의 정부가 1억 달러를 북에 지원하려 한 것은 사실이었다. 잘사는 형이 가난한 동생을 찾아가는데 빈손으로 갈 수는 없는 것 아닌가, 하지만 법적인 문제가 있어 현대를 통해 제공했다"고 자서전에서 밝혔다.

개성공단 사업과 관련해서는 탈북 북한 고위외교관 태영호 전 주영공사의 증언이 있다. 김정일 사망(2011년 12월) 후 후계자가 된 김정은도 개성공단 사업에 대해 매우 긍정적이었다고 한다. 그는 집권 초 개성공단 14곳을 만들라고 하는 등 개혁 조짐을 보였다. 김정은은 김정일과 완전히 상반된 생각도 서슴없이 피력했다고 한다. "조선이 경제 발전을 하려면 외국 투자를 많이 받아야 하는데 지금 미국이 제재를 가하는 상황에서 방법이 많지 않다. 현재 외화를 벌 수 있는 쉬운 방법은 관광이다. 관광객을 대폭적으로 늘려 관광을 발전시켜야 한다."

2025년 준공된 원산 갈마지구 리조트 개발은 이러한 구상하에 이루어진 것으로 보인다. 해안선 약 $4~5km$에 걸쳐 50여 개의 호텔 및 호스텔 등과 오락시설이 조성된 대규모 프로젝트다. 이 프로젝트는 김정은이 2016년 이래 직접 주도했는데 이 지역을 국제 관광지로 변모시키려는 개인적 관심과 전략적 의도가 반영된 프로젝트라고 할 수 있다.

김정은은 개성공단의 사례를 언급하며 개혁개방의 필요성을 강조하기도 했다고 한다. "개성공단이 조선 체제에 장기적으로 위협이 되지 않겠느냐고 많은 사람들이 걱정했다. 하지만 얻은 게 더 많다. 우선 우리에게 절대적으로 필요한 돈을 벌었다. 둘째 개성시민에 대한 자연스런 통제와 관리가 용이해졌다. 다른 지역은 장마당 때문에 주민 통제가 얼마나 힘들어졌나. 개성시민 5만 명이 매일 한곳에 모여 일하고 퇴근하는데 따로 무슨 관리가 필요한가. 총체적으로 우리가 훨씬 이익이다. 이런 경제특구를 내륙으로 확대해야 한다. 개성공단 같은 곳을 14개 더 만들라."

개성공단은 남북 관계가 나빠질 때마다(2009년과 2013년의 '키 리졸브') 일시적 통행 제한이 걸리는 등 우여곡절이 있었지만 10여 년 이상 계속되며 북한에 시장경제의 바람을 불어넣는 역할을 했다. 남북을 이어주는 숨구멍 역할을 했다. 남북경제공동체 기반 조성, 그리고 평화공존의 실험장이었다. 남북한 간의 긴장 완화에도 기여했다.

그런데 여러 우여곡절을 겪으면서도 순항해 오던 개성공단 사업이 북한의 핵실험 등으로 남북 관계가 악화되면서 중단되는 사태를 맞았다. 2016년 1월 6일, 북한이 핵실험(4차)을 하고 광명호 미사일을 발사하자 박근혜 정부가 2016년 2월 10일, 공단 가동 전면 중단과 개성공단 입주기업 철수, 단전·단수 조치를 내린 것이다. 남측 근로자들도 철수시켰다. 김관진 국가안보실장이 주재한 국가안전보장회의(NSC)의 결정이었다. 국내외적 파장이 큰 이 조치를 결정하면서 외교부와는 사전 상의가 없었다. 이에 대응해 북한은 다음 날인 2월 11일 개성공단 폐쇄 조치를 내리면서 우리 측 종사자들을 전원 추방했다.

그동안 가장 성공적인 남북 경협 사업 모델로 간주되던 개성공단 사업의 전격적 중단은 남북 관계의 장기적 측면을 고려하지 못한 단견적 조치였다. 무엇이든지 만들기는 어렵지만 부수기는 쉬운 것이다. 우리가 가진 지렛대를 스스로 없애버린 셈이었다. 물론 개성공단 폐쇄로 북한의 핵과 미사일 개발이 지체되거나 중단되지도 않았다. 개성공단 사업이 지금까지 계속되고 확대되었다면 지금 남북한 관계는 몰라보게 달라졌을 것이다. 북한 경제의 시장화에도 많은 영향을 주었을 것이다. 박근혜 정부의 개성공단 폐쇄는 대북 정책의 가장 큰 실패 사례였다.

■ 올브라이트 미 국무장관 방북

한편 부시 정부가 취임하기 직전인 클린턴 2기 행정부 시절(1997~2001)에는 미북 관계에도 상당한 해빙 무드가 조성되고 있었다. 1999년 5월 25~28일 사이 윌리엄 페리 대북정책조정관(전 국방장관)이 북한을 방문했고 9월 15일에는 소위 '페리 보고서'가 제출되었다. 이어 그해 9월 17일에는 미국의 대북한 경제 제재 완화가 발표되었다. 또한 이듬해인 2000년 6월 19일에는 북한의 미사일 모라토리움에 대한 반대급부로 미국의 대북한 제재 대폭 완화가 발표되었다.

그리고 2000년 10월 9~12일에는 북한 군부의 실세였던 조명록 차수가 미국을 방문하여 클린턴 대통령과 면담하고 클린턴 대통령의 평양 방문을 초청하는 김정일 위원장의 친서를 전달했다. 또한 매들린

올브라이트 국무장관과의 회담 후에는 '북미 공동성명'을 발표, 북한과 미국이 한반도 정전협정을 평화협정으로 대체하는 문제도 검토키로 했다.

2000년 10월 23~25일에는 올브라이트 국무장관이 평양을 방문했다. 평양 5.1 경기장에서 10만 명이 동원된 집단체조와 예술공연도 관람했다. 올브라이트 장관의 평양 방문에는 찰스 카트만 한반도평화회담 특사, 찰스 프리처드 백악관 국가안보회의 아시아 담당 선임국장 등이 수행했다.

올브라이트 장관은 그의 회고록《마담 세크리터리(Madame Secretary)》(2003)에서 평양 방문 시 세 가지 사항을 느꼈다고 말했다. 첫째는 북한이 요구하는 식량, 비료, 위성 발사에 드는 비용은 미사일 위협에 대항하는 방어 비용에 비하면 최소한에 불과하다는 것. 둘째는 미국은 북한의 경제적 궁핍을 이용하여 한반도와 세계를 더욱 안전한 곳으로 만들 협상을 추진해야 한다는 것. 셋째는 미사일 문제에 대해 만족할만한 타협이 가능하다면 클린턴 대통령이 북한에 가야 한다는 것이었다.

그러나 클린턴 대통령의 방북 문제는 임기를 겨우 몇 달 남겨두고 있었던 시점 등의 문제로 결국 성사되지 않았다. 후에 클린턴 대통령은 자서전《마이 라이프(My Life)》(2004)에서 방북이 무산된 이유를 다음과 같이 기술했다. 중동 평화협상의 성사가 임박한 상황에서 더욱이 아라파트가 협상 성사를 간절히 바라고 있는 상황에서 중동을 두고 북한 방문을 강행할 수 없었다. 후에 김대중 대통령은 클린턴 대통령이 당시 평양에 갔다면 한반도의 역사는 달라졌을 것이라고 크게 아쉬

워했다.

- **북러 모스크바선언,
  한반도-러시아-유럽 연결 철도 사업 구상 발표**

한반도에서의 해빙과 화해 협력 정책이 시행되고 있을 때 또 한편으론 한반도와 유럽을 철도로 연결하는 야심찬 계획도 추진되고 있었다. 동북아 해빙의 국제적 확산이었다.

2000년 9월, 미국 뉴욕 유엔본부에서 열린 '유엔 밀레니엄 정상회의'에서 김대중 대통령이 푸틴 러시아 대통령과 면담했다. 김대중-푸틴 정상회담에서는 서울과 북한의 원산을 연결하는 경원선과 시베리아 횡단철도(TSR)의 연결 등 남북한과 러시아 간 철도 연결 문제가 논의됐다.

이어 2001년 7~8월 러시아를 방문한 김정일 위원장과 푸틴 대통령 사이에 북러 모스크바선언이 발표됐다. 이 자리에서 푸틴 대통령은 "북한을 결코 고립시켜서는 안 된다. 북한이 외부세계에 대한 두려움을 떨쳐버릴 수 있도록 해야 한다. 북한이 막다른 골목에 몰려 위협을 느끼지 않도록 해야 한다"고 발언했다. 또 "김대중 대통령이 언급한 남북한 철도 연결 등 공동 프로젝트 사업은 한반도 긴장 완화라는 측면에서 매우 중요하다. 남북한 철도가 연결되면 광케이블을 연결할 수도 있다. 가스, 전기등 에너지 분야 협력도 가능하다. 남북한과 러시아가 참여하는 3각 경제 협력 프로젝트 토의를 희망한다"고 발언했다. 남북러 간의 철도 연결 등 3각 협력의 아이디어가 본격적으로 검토된 것이다.

이러한 정세를 배경으로 2002년 4월 3일 임동원 대통령특사가 북한을 방문해서 남과 북이 합의한 6개 항의 공동보도문을 발표했다. 그 중 세 번째 항이 '동부에서 새로 동해선 철도 및 도로를 서부에서 서울, 신의주사이의 철도 및 문산-개성 사이의 도로를 빨리 연결하기로 했다'는 것이었다. 이어 2002년 8월, 서울에서 열린 남북경협추진위원회 회의에서는 한반도 동과 서의 도로 철도 공사를 남과 북이 9월 18일 동시에 착공하기로 했다.

이와 같이 큰 꿈과 비전을 가지고 시작한 남북러 철도 연결 사업이었지만 결과적으로는 잘 진행되지 못했다. 태영호는 그 이유에 대해 다음과 같이 기록하고 있다.

"2001년 김정일 위원장이 7월 26부터 18일간 러시아를 방문했다. 양측은 북러 모스크바선언을 발표했는데 가장 중요한 내용은 한반도 러시아, 유럽을 연결하는 철도 건설이었다. 북한에 엄청난 경제적 혜택이 확실했다. 러시아는 건설 의지가 확실했고 한국은 언제라도 지원할 의사가 있었다. 러시아는 시베리아 횡단철도와 한국 철도를 연결하는 수송로를 열고 컨테이너나 석탄과 같은 중량화물을 수송한다는 구상을 갖고 있었다. 일제 강점기에 건설된 철로를 어느 정도 직선화하고 터널과 교량도 많이 건설할 계획이었다. 문제는 북한의 동해안 방어부대 대부분이 철도를 따라 배치되어 있다는 점이었다. 크고 작은 비행장도 대부분 그쪽에 배치되어 있었다. 한반도 종단 철도가 건설되어 철도 현대화가 진행되면 대대적인 부대 이전이 불가피했다. 개성공단 건설 때도 군부는 새로운 주둔지를 마련하기 위해 엄청 고생을 했다. 부대를 이전할 경제력이 없었다. 김정일이 군부의 반대를 물리치지 못한 이유였다."

▪ 일본 고이즈미 총리의 평양 방문과 일북 정상회담

한편 당시에는 일북 관계도 상당한 변화가 만들어지고 있었다. 일본과 북한은 냉전 종식 후 관계 정상화를 시도, 2000년까지 11차례의 수교 교섭을 진행했으나 북핵 문제와 일본인 납치 문제로 진전이 없었다. 그러던 중 일본 고이즈미 총리(2001~2006년간 재임)의 지시를 받은 외무성 아주국장 다나카 히토시와 북한 측 카운터파트 간의 비밀협상이 성사되어 2002년 9월 17일 고이즈미 총리의 역사적인 평양 방문이 이루어졌다.

고이즈미 총리와 김정일 위원장은 식민지 보상, 국교 정상화 교섭의 재개, 일본인 납치 문제의 해결, 핵미사일 문제의 해결 등 4개 항을 포함한 평양선언을 발표했다. 양측은 과거사 청산 문제와 보상 문제에 대한 견해 차이를 해소했고 일본인 납치 문제에 대해서는 북한의 사과가 있었다. 양측은 정상회담에서 "북한과 일본은 국교 정상화 교섭을 10월 중에 재개하기로 했다. 또 일본은 과거 식민지 지배에 대해 사과하고 과거 보상의 차원에서 무상자금 협력, 저금리 장기차관 공여 등 경제 협력 원칙에 합의했다"고 밝혔다.

북한이 일본인 납치 문제와 관련해 잘못을 인정하고 사과했다는 것은 북한이 일북 관계 진전에 대해 거는 기대가 얼마나 컸는지 알 수 있는 대목이다. 북한에게는 일본의 대북 식민 지배에 대한 보상금이 절실히 필요했다. 그러나 피랍된 일본인 14명 중 8명이 사망했다는 사실이 알려지면서 일본 내 분위기가 급격히 악화되었다. 10월 15일 피랍 생존자 중 5명이 일본으로 귀국했으나 피랍 문제는 계속 악화되어 정치적으로 쟁점화되고 있었다.

이런 상황에서 2002년 10월, 북한의 고농축우라늄 핵개발 문제가 불거지자 일북 수교회담은 더욱 난항을 거듭할 수밖에 없었다. 상황 타개를 위해 고이즈미 총리가 2004년 5월, 두 번째로 평양을 방문했으나 북핵 문제에 대해 평양선언을 재확인하고 평화적으로 해결한다는 원칙에 합의한 것 이외에는 별다른 성과가 없었다.

일북 정상회담과 관련한 당시 북한의 입장에 대해서는 외무성 강석주 제1부부장이 외무성 강당에서 전체 직원을 대상으로 한 강연에 잘 나타나 있다.

"일본과의 관계 개선을 통해 일본으로부터 경제적 지원을 얻어내는 것이 목적이다. 이를 통해 경제적 난관을 해결하고 미국의 대조선 압박공세를 완화시킨다. 일본은 식민지 통치의 피해에 대해 경제 협력 방식으로 보상하겠다고 했다. 최소한 100억 달러는 들어올 것이다. 100억 달러면 조선의 도로와 철도 등 기본 하부구조는 다 현대화될 수 있다."

북한은 일본과의 관계 개선과 이를 통한 거액의 보상금 확보에 큰 기대를 걸고 있었다.

2 : 부시 행정부의 등장과 대북 강경책

- **'선악이원론'의 네오콘 등장**

지금까지 2000년대의 한반도를 둘러싼 전반적인 해빙 상황을 살펴보았다. 이러한 상황이 흔들리고 북핵 문제와 경수로 원전이 악화의 길로 들어서게 된 것을 이해하기 위해서는 당시 국제정세의 변화, 특히 미국 상황을 이해하는 게 필요하다.

2001년 1월 20일, 전임 민주당의 클린턴 정부에 이어 공화당의 부시 정부가 출범했다. 부시 1기 행정부의 외교 안보 분야의 주요 직책은 소위 네오콘(신보수주의)적 세계관을 가지고 있는 인사들이 주류를 이루고 있었다. 딕 체니 부통령외에 불칸(Vulcans, 로마의 '불'의 신)으로 불리던 도널드 럼스펠드 국방장관, 폴 월포비츠 국방부 부장관, 존 볼턴 국무부 차관, 루이스 리비 부통령 비서실장 같은 사람들이 그들이었다. 강력한 미국의 리더십, 선제공격론, 유엔보다 미국의 독자적 행동을 중시하는 강경한 안보노선을 가진 인물들이었다.

네오콘은 국제정치를 선악이원론으로 파악했다. 선을 대표하는 미국의 힘을 신봉하면서 악으로 간주되는 국가는 봉쇄하고 필요하면 체제를 전환해야 한다고 믿었다. 그리고 위협을 배제하기 위해 경우에 따라서는 선제공격, 나아가 예방공격도 불사해야 한다고 생각했다.

신보수주의는 정치철학자로서 시카고대학 교수였던 레오 스트라우스(1899~1973)의 이론을 원조로 하고 1997년 '새로운 미국의 세기를 위한 프로젝트(PNAC)'라는 싱크탱크의 탄생으로 조직화된 이념이었다. PNAC의 창립선언문은 '미국의 세계 패권을 수호하고 지지를 결집하며 이를 위해 군사력을 현대화하고 국방예산을 증액한다. 미국의 가치와 이익에 적대적인 정권에 맞서며, 미국의 안보 번영과 미국적 가치에 우호적인 국제질서를 조성하는 책임을 다한다' 등의 내용을 포함하고 있었다. 이 같은 주장은 전통적으로 미 공화당이 대변해 온 대외 정책상의 고립주의와 작은 정부 원칙과는 궤를 달리한 것이었다.

이러한 이념이 현실 외교 정책으로서 처음 나타난 것은 1980년 출범한 공화당의 레이건 행정부 때부터였다. 레이건 정부는 강력한 미국을 기치로 군사력 증강을 바탕으로 한 적극적인 대외 팽창 정책을 추진했다.

부시 1기 행정부 출범 시 외교 안보 핵심에 포진한 딕 체니 부통령, 도널드 럼스펠드 국방장관 등 소위 네오콘들은 레이건 공화당 정부의 강력한 미국을 바탕으로 한 공세적 외교 정책이 소련과 동구권의 붕괴를 가져왔으며 유일 초강대국 미국 시대를 열었다고 믿었다. 만약 미국이 '악의 제국'인 소련을 무릎 꿇게 했다면 훨씬 더 작고 약하고 억압적인 북한과는 협상할 필요조차 없다고 생각했다. 그들은 이와 같은 믿음과 자신감을 바탕으로 전임 클린턴 정부의 정책을 비판하며 더욱 강력한 공세적 외교 안보 정책을 예비하고 있었다.

2001년 부시 행정부 출범 당시 미국은 테러 문제가 안보 이슈의 핵심과제로 대두하는 새로운 국제 안보 상황에 직면하고 있었다. 당시 미국이 직면한 핵심 외교 안보과제는 첫째 테러 대응 문제(빈 라덴과 알카에다), 둘째 핵과 생화학 무기 등 대량살상무기의 비확산 문제, 셋째 중국의 부상에 대한 대응 문제 등이었다.

이러한 상황에서 빈 라덴이 주도한 알카에다의 소위 9.11 테러가 발생했다. 미국 뉴욕 시내의 초고층 빌딩인 세계무역센터가 테러리스트의 공격으로 무너져 내리고 수천 명의 시민이 콘크리트 더미에 깔려 죽는 상상할 수 없는 일이 일어난 것이다. 미국을 비롯한 전 세계가 경악했던 것은 말할 필요도 없다. 미국 언론들은 9.11 테러를 "21세기의 진주만 사건"이라고 부르기도 했지만 사실 그 충격은 그보다 더한 것이었다.

부시 행정부가 테러와의 전쟁을 선언한 것은 당연한 귀결이었다고 할 수 있다. 출범 초기부터 테러 이슈를 미국이 직면한 가장 당면한 이슈의 하나로 상정하고 있던 상황에서 9.11 테러로 부시 정부의 최우선 현안이 테러와의 전쟁이 된 것이다. 부시 정부는 신속하게 움직였다. 9.11. 테러이래 불과 두 달만인 2001년 10월 7일, 9.11 테러의 배후 세력이었던 빈 라덴에게 활동 공간을 제공한 아프가니스탄을 공격해 탈레반 정권을 무너트렸다.

특히 이 과정에서 '선제공격'과 '일방주의'를 핵심으로 한 네오콘의 공격적 외교 안보 노선이 정립되었다. 즉 테러 단체나 테러 지원 국가와 대량살상무기 보유국가의 위협으로부터 미국을 보호하기 위해서는 선제공격도 불사한다는 주장이었다. 미국과 세계에 대한 위협이 현실로 닥칠 때까지 기다리는 것이 아니라 선제공격을 통해 그 싹을 자르겠다는 것을 골자로 한 것이었다.

　이와 함께 과거의 미국이 세계의 여론 또는 국제적 합의와 동의에 신경을 쓰는 듯한 모습을 갖추었다면 부시 독트린은 미국의 판단이 최우선으로서 국제여론이나 국제기구의 판단은 주요 고려요인이 아니었다. 그야말로 미국 대외 정책의 코페르니쿠스적 전환을 알리는 것이었다.

　이러한 부시 정부의 대외 정책은 라이스 백악관 국가안보보좌관이 미국 의회에 제출한 2002년도 연례 국가안보전략 보고서에 잘 나타나 있다. 테러리스트들에 대한 선제공격과 독자적 행동 불사 방침을 천명한 것이었다. 라이스 보좌관은 이러한 전략 방침 천명에 일부 우방국들이 우려를 표했지만 언론들이 1968년 트루먼 독트린 이래 최고의 미 정부 전략문서라는 등의 큰 반응을 보이자 크게 고무되었다고 회고했다.

■ 북한을 '악의 축'으로 규정

　네오콘의 등장은 한반도에는 불운의 시작이었다. 부시 대통령의 북한에 대한 인식은 취임 닷새 후인 2001년 1월 25일, 김대중 대통령과의 전화 통화에서 극명히 나타났다. 부시 대통령에게 외교 정책이란 도덕을 실행하는 것이었다. 종교적 열정을 가진 사람으로서 국제정치를 도덕적 관념에 따라 아주 단순하게 보았다.

　이러한 부시 대통령의 믿음은 당시 국무부의 대북교섭특사로 두 정상의 전화 통화를 곁에서 지켜본 찰스 프리처드의 회고록《실패한 외교(Failed Diplomacy)》에 잘 기록되어 있다. "김대중 대통령이 북한을 포용할 필요성을 (부시) 대통령에게 말하기 시작하자 대통령은 손으로 전화기의 송화구를 막으면서 '이자가 누구야? 이렇게 순진하다니 믿을 수 없군!'이라고 말했다." 그는 북한을 비핵화시켜 국제사회에 평화적으로 편입시키는 것보다 평양을 고립시켜 붕괴시켜야 한다는 생각을 가지고 있었다.

이런 상황에서 2002년 1월 29일 부시 대통령의 연두교서(State of Union) 연설이 나왔다. 이 연설에서 부시 대통령은 이라크, 이란, 북한을 '악의 축'이라고 이름 지으면서 테러 지원 및 핵무기 등 대량살상무기 개발 국가로 지목하고 지구상에서 제거되어야 할 정권들로 선언했다.

미국 시사주간지 뉴스위크는 북한이 이란, 이라크와 함께 '악의 축'으로 지목된 배경에는 미 국방부의 보고서가 결정적으로 작용했다고 보도했다. 9.11 테러가 있자 럼스펠드 국방장관은 테러리스트들이 핵무기를 수중에 넣을 가능성에 대한 우려를 배경으로 테러 단체들과 연관이 있는 나라들과 핵무기를 생산할 능력이 있는 국가들을 조사토록 지시했고 그 결과 10여 개국의 명단이 작성되었다고 한다. 그중 시리아와 리비아는 강력한 압박을 가하면 핵 야망을 포기할 나라로 분류됐으나 이란, 이라크, 북한, 세 나라는 어떠한 평화적 압박에도 포기하지 않을 나라로 결론이 났다고 한다. 부시 정부의 어떤 정책 결정 보고서보다 이 보고서가 결정적으로 2002년 1월 부시 대통령의 '악의 축' 연설로 이어졌다는 이야기다.

라이스 국가안보보좌관은 후에 부시 대통령 연설의 진의는 대량살상무기를 보유한 일부 국가들이 이러한 무기들을 테러리스트들에게

확산시킬 가능성을 강조하려던 것이었으나 연설문 작성과정에서 스피치라이터가 집어넣었던 '악의 축'이라는 어휘가 필요 이상으로 크게 부각되면서 본의가 잘 전달되지 못했다고 말했다. 특히 일부에서는 미국이 이라크뿐만 아니라 이란과 북한에 대해서도 군사력 사용을 준비하고 있는 것으로 해석하고 사실상 북한, 이란, 이라크에 전쟁 선언을 한 것으로 보기도 했다고 회고했다.

북한이 '악의 축'으로 지목된 것은 그 후 전개될 미북 간의 대립상황과 관련해서 큰 함의를 지닌다. 북한에 대한 '악의 축' 지목에 이어 2월 18일, 일본 도쿄에서 열린 미일 정상회담에서 부시 대통령은 "국민을 굶기면서도 대량살상무기를 생산하는 나라가 있다", "모든 대응 수단을 검토하고 있다"고 발언해 북한 김정일을 압박했다. 모든 수단이라는 단어는 미국이 북한에 대해 군사적 제재나 선제타격도 검토하고 있다는 뜻으로도 받아들여질 수 있는 언어 선택이었다. 북한은 부시 대통령의 발언에 대해 '선전포고', '조선전쟁론' 등으로 반발했다. 부시 정부는 '악의 축' 연설이 있었던 1년여 후인 2003년 3월 20일에는 핵과 생화학무기 등 대량살상무기 개발 의혹과 테러 지원 등의 혐의로 이라크를 침공해서 후세인 정권을 무너뜨렸다.

- **전임 클린턴 정부의 정책 지우기**

부시 정부의 출범 이래 대북한 정책 추이에 촉각을 곤두세우고 있던 북한에게 이러한 일련의 과정은 공포감을 주기에 충분한 것이었다. 특히 부시가 9.11 테러 직후인 2001년 10월 아프가니스탄을 침공해 탈레반 정권을 무너뜨린 뒤 이어 북한을 '악의 축'의 일원으로 규정하고 이라크를 침공하기 위한 군사적 준비를 갖추어 나가자 북한은 극도의 긴장감 속에서 나름대로 살길을 찾기 위해 모든 방안을 생각하고 있었다.

부시 대통령은 개인적으로도 북한의 김정일 정권에 대해 극도의 혐오감을 가지고 있었다. 부시 대통령은 자신의 참모들에게 "자기 국민을 굶어 죽게 하는 친구가 어떻게 한나라의 지도자라고 할 수 있는가? 그리고 또 정치범 수용소들을 보라"라고 말하면서 북한 지도자에 대한 혐오감을 감추지 않고 있었다.

한편 부시 정부의 네오콘들은 전임 정부인 클린턴 정부 당시 합의된 1994년의 제네바합의에 대해 기본적으로 매우 부정적 입장이었다. 흔히 ABC(Anything But Clinton)로 불렸던 클린턴 정부의 대외 정책 전반에 대한 부정적 태도의 일환이었다. 이러한 맥락에서 네오콘들은 제네바합의가 북한의 핵 개발이라는 잘못된 행동에 대해 경수로 건설이나 중유 제공 등을 약속한 굴욕적 외교로서 파기되어야 한다는 인식을 가지고 있었다.

이와 같은 인식은 라이스 국가안보보좌관의 회고록에도 잘 기술되어 있다. 2001년 3월 말 김대중 대통령이 부시와의 정상회담을 위해 워싱턴에 도착하기 전날 열린 부시 정부 외교 분야 핵심참모 회의에서 미국은 DJ 정부의 햇볕정책을 공개적으로 비판하지는 않을 것이나 대북한 정책에 있어서 다른 어프로치를 할 것이며 제네바합의를 계속 추구하지 않을 것임을 김대중 대통령에게 분명히 하기로 결정했다. 특히 제네바합의가 평양의 무기 개발 노력을 제어하는 데 별다른 도움이 되지 않으며 남한의 대북 원조가 북한 체제를 지탱시켜 주고 있다고 믿었다.

이러한 네오콘들의 입장은 부시 정부의 대북 정책을 두고 콜린 파월 미 국무장관을 필두로 한 미국무성 내 온건파들과 갈등을 보이는 원인이 됐다. 즉 체니 부통령과 럼스펠드 국방장관, 국무성 내의 강경파였던 볼턴 국무차관 등은 북한과의 협상은 기본적으로 의미가 없으므로 북한을 압박 고립시켜 북한이 손을 들도록 해야 한다는 입장에서 북핵 문제에 접근했다. 또한 이들은 미북 제네바합의를 북한의 체제 연명에만 도움을 주는 잘못된 합의로 간주해서 합의를 파기하기 위해 가능한 모든 수단을 사용코자 했다.

반면 콜린 파월 국무장관을 포함한 국무성 내 온건파들은 문제를 외교적 노력을 통해 풀려는 입장에서 접근했다. 이러한 대북 강경파와 온건파의 대립은 부시 행정부 내내 계속되었다.

부시 대통령은 심정적으로 대북 강경파의 의견에 동조하고 있었으나 2002년 초, 평양을 방문하고 돌아온 도널드 그레그 전 주한 대사가 북한이 미국 특사 방문을 희망하고 있다는 메시지를 가지고 오자 콜린 파월 국무장관의 건의를 받아들여 국무성 제임스 켈리 차관보를 특사로 평양에 파견하는 데 동의했다. 이 건에 대해서도 부시 행정부 내에 찬성과 반대가 대립하며 여러 우여곡절이 있었다.

5장

파탄의 길

1 : 고농축우라늄(HEU) 이슈의 대두, 파탄의 시작

- **켈리 특사의 방북**

여기서는 소위 2차 북핵 위기를 야기시킨 고농축우라늄(HEU) 이슈에 대해 자세히 살펴보기로 한다.

북한의 고농축우라늄 프로그램 추진 의혹을 한국 정부에 처음으로 공식 제기한 것은 평소 미 국무성 내 대북 강경파의 선두로 알려진 마이클 볼턴 국무차관(그는 2019년 2월 베트남 하노이에서 개최된 트럼프, 김정은 회담 당시 국가안보보좌관으로서 미북 정상회담을 깨트리는 데도 일조한 사람)이었다. 켈리 미 국무성 동아태 차관보의 평양 방문보다 약 한 달여 앞선 때였다.

볼턴 차관은 2002년 8월 29일 한국 외교부를 방문해서 이태식 차관보와 면담한 자리에서 "1997년경부터 북한의 고농축우라늄 연구개발 범위가 우려할 만한 수준으로 확대되고 있음을 발견했다"고 말했다. 이어 "미 고위층에서 조만간 대북 조치에 관한 대응책을 논의할 예정이며 가급적 조속히 구체적 대처 방안에 관해 한국 측과 협의하기를 희망한다"고 말했다.

2주일 후인 2002년 9월 13일, 최성홍 외교부 장관의 유엔 총회 참석을 계기로 한미 외무장관회담이 개최되었는데 이때 파월 국무장관은 최성홍 장관에게 "북한이 고농축우라늄 관련 기술을 개발하고 있으며 이 문제가 해결되지 않으면 제네바합의의 전면 중단이 불가피하다"고 설명했다. 또한 파월 장관은 "고농축우라늄 문제가 한미일 3국의 대북 관계 개선에도 부정적인 영향을 미칠 것이 우려된다"고 말했다. 미국 측의 요청으로 파월 장관의 발언은 극비로 처리되었으며 한국 측은 통상적인 보고 방법인 전문 보고(이 경우 많은 사람이 볼 수 있음) 대신에 면담 내용을 정리한 보고서를 외교부 직원이 휴대하고 귀국하게 할 정도로 보안에 신경을 썼다고 한다.

이러한 긴장된 분위기 속에서 미 국무성의 제임스 켈리 동아시아태평양담당 차관보가 대북 특사 자격으로 한국을 방문했다. 켈리 특사는 한국도착 직후인 2002년 10월 2일 오후 최성홍 외교통상부 장관을 만났다. 이어 청와대를 방문 임동원 대통령통일외교안보특보, 임성준 청와대 외교안보수석비서관 등과 만나 방북 목적을 설명했다.

"북한의 고농축우라늄 계획에 대한 확실한 증거가 있으며 이를 폐기하라고 통보하기 위해 평양에 간다. 이 계획의 폐기가 대화의 전제조건임을 분명하게 할 것이다. 북한의 답변을 기대하는 것은 아니지만 북한이 자기 입장을 제시한다면 듣기는 할 것이나 논의하지는 않을 방침이다. 미국이 지금까지 문제 삼았던 플루토늄 핵 개발, 장거리 미사일, 재래식 군사력 문제와 인권 문제 등도 포괄적으로 언급할 것이지만 그런 문제보다는 고농축우라늄 계획에 더 큰 관심을 가지고 있다."

켈리 특사의 한국 정부에 대한 설명을 보면 방북 목적은 북한의 고농축우라늄에 의한 핵 개발 의혹을 통보 및 추궁하러 가는 것으로서

동 건과 관련 북한과 협의하거나 협상할 계획은 없었다. 또한 한국 정부에도 방문 목적을 설명했을 뿐 고농축우라늄 이슈에 대해 한국 정부와 협의한 흔적은 보이지 않는다.

후에 라이스 국가안보보좌관은 자신의 회고록에서 당초 국무성이 기안한 발언 요점 안은 너무 소프트해서 국가안보회의(NSC)에서 훨씬 강경한 안을 만들었으며 켈리 특사가 이 발언 요지를 참고로 하는 정도가 아니라 그대로 읽도록 만들었다고 밝혔다. 그리고 켈리 특사가 북측과 면담 시 공식회담 이외에 어떤 형태의 별도 대화도 하지 못하도록 했으며 북측 만찬에 대한 답례 만찬도 하지 못하도록 했다고 밝혔다. 이러한 조치에 대해 파월 국무장관이 매우 불쾌해 했고 자신도 국무장관을 이렇게 대우해서는 안 되는 것 아니냐는 생각을 했다고 회고록에서 썼다.

켈리 특사 일행은 10월 3일, 오전 평양에 도착한 후 당일 오후 김계관 외교부부부장을 만났다. 켈리 특사는 김계관 부부장에게 고농축우라늄 프로그램 문제를 제기했고 김 부부장은 켈리 특사의 주장을 부인했다. 김 부부장은 이 문제를 알고 있지 못한 것으로 보였다. 그는 고농축우라늄 이슈가 아니라 '과감한 접근 정책'을 논의하자고 했다.

과감한 접근 정책은 고농축우라늄 이슈가 본격적으로 부각되기 직전인 2001년 6월 초 부시 정부가 첫 번째 정책 점검회의에서 검토했던 안으로서 북한이 각각의 분야에서 더 과감한 조치를 취하면 그에 대해 더 많은 인센티브를 제공하는 내용이었다. 미국 측은 과감한 접근 정책의 설명을 위한 특사 파견까지 검토했으나 우라늄 농축 이슈가 부각되면서 특사의 성격이 바뀌게 된다.

켈리 특사 일행의 방북 시 북한 측과 나눈 대화 내용에 대해서는 현장에 있었던 찰스 프리처드(Charles L. Pritchard) 미국 대표의 기록이 남아있다. 그는 28년간 군 복무를 한 군인 출신으로서 주일 대사관 무관으로 근무하다가 클린턴 정부 때 국가안전보장회의(NSC) 아시아국장으로 일했다. 부시 정부로 정권이 교체된 2001년 3월에는 국무부로 자리를 옮겨 대북 협상 특사 겸 KEDO의 미국 대표로 일했다. 나는 경수로기획단 특보로서 KEDO 관계 일을 하면서 그를 알게 됐고 오랫동안 관계를 유지했는데 북한 문제에 대해 미국인으로서는 드문 전문성과 균형 감각을 가진 인사였다.

농축우라늄 이슈 제기와 관련한 북측의 첫 반응은 그의 회고록《실패한 외교(Failed Diplomacy)》에 잘 기록되어 있다. 회담이 어떻게 시작되었는지와 당시의 분위기 등을 잘 묘사하고 있으므로 가급적 관련 부분을 그대로 전재한다.

> 김계관과의 첫 번째 회담에서 김계관은 이번 회담에서 미국의 의도가 무엇인지를 알기 위해 미국의 대북 정책을 듣고 싶다고 말하고 켈리에게 먼저 이야기를 시작하라고 요청했다. 그는 현재의 시점에서 북미 양국 관계가 어디에 있는지를 분석하고 싶다고 했다.
> 켈리는 준비된 원고를 읽었다. 나는 전임 대북 특사였던 찰스 카트만 시절 부대사로 김계관과 수도 없이 협상을 했기 때문에 켈리가 HEU 문제를 끄집어 냈을 때 김계관의 얼굴 표정에서 놀라는 기색이 있는지 집중해서 보았다. 비록 놀란 기색을 읽어내진 못했지만 그는 HEU 프로그램을 알고 있지 못한 것 같았다.

켈리가 김계관에게 전달한 기본 메시지는 미국의 우려를 알리면서도 대통령이 북한 인민들에게 이로운 북미 양국 관계의 전환에 대해 진지한 논의를 준비하고 있다는 것이었다. 그러나 북한이 우라늄 농축을 통해 핵무기를 생산할 수 있는 비밀프로그램에 착수했다는 확실한 증거를 갖고 있기 때문에 계획했던 대화를 하는 것이 불가능해졌다고 했다.

켈리는 김계관에게 증거를 제시하지 않았다. 켈리의 첫 발언에서는 기본합의문에 관한 우리의 우려를 포함하여 테러리즘, 재래식 무기, 미사일, 그리고 인도주의와 인권 문제 등이 한 시간 조금 못되게 계속되었다.

김계관은 방문해 준 것에 대해, 그리고 발표를 해준 것에 대해 사의를 표했다. 그리고 나서 그는 휴식을 요청했다. 나는 김일성광장 옆에 있는 외무성 건물의 회의실은 도청이 되고 우리의 대화도 녹음이 될 것이라고 추측했다. 그러나 김계관이 급히 건물을 빠져나가는 것을 보았을 때 그가 강석주에게 직접 보고하러 간다는 사실을 알게 되었다.

휴식 후 다시 모였을 때 김계관의 반응은 짧았고 예상대로였다. 그는 켈리의 비밀 핵무기 프로그램 주장은 1998년의 금창리와 관련된 잘못된 주장처럼 또 다른 거짓말이라고 말했다. 김계관은 이러한 주장은 새로운 북미 관계에 불만을 가진 미국 행정부 내의 일부 사람들이 만들어 낸 것이라고 강조했다. 마찬가지로 켈리가 방금 제기한 의혹들은 북한과 이웃 국가들의 관계가 긍정적으로 발전하고자 하는 것을 가로막고자 하는 세력들이 유포하고 있다고 주장했다. 주제에서

> 벗어난 얘기를 한참하고 나서 그는 그가 말하고자 하는 요점으로 돌아와 HEU를 언급하지 말고 과감한 접근 정책을 논의하자고 했다.

상기 프리처드 대표의 회고로 보아 북한은 켈리 특사가 고농축우라늄 이슈를 가지고 방북한 점을 모르고 있었던 것 같다. 따라서 우선 김계관 부부장이 제1선에 나서서 정확한 방북 목적과 미국 측의 메시지부터 파악하려고 시도했다. 켈리 특사에게 "이번 회담의 의도를 알기 위해 미국의 대북 정책부터 듣고 싶다"고 말하면서 먼저 발언해 달라고 요청한 부분에서도 그러한 점이 나타난다.

첫 번째 회의 후 김계관 부부장은 강석주 제1부부장 등 윗선들과 협의한 뒤 일단 김 부부장선에서 고농축우라늄 계획을 부인한 후 미국 측 반응을 보아가며 추가 대응을 하기로 했을 가능성이 커 보인다. 김계관 부부장이 HEU 문제가 아니라 과감한 접근 정책을 논의하자고 한 배경에는 미국과의 협상 가능성에 대해 당시까지 기대를 버리지 않고 있었다고 할 수 있다. 말하자면 북한은 켈리 특사 방북 첫날까지만 해도 미국이 일부러 특사까지 보낸 점, 부시 대통령이 대북 강경 발언에도 불구 과감한 접근 정책 등을 동시에 공언해 온 점에 비추어 협상 가능성에 대해서 상당한 기대를 두고 기다렸다고 분석할 수도 있다.

이 점에 대해서는 고방산 초대소에서 K가 나에게 해준 이야기(1장 참조)에서도 확인된다. 북한은 미국이 농축우라늄 이슈를 제기할지에 대해 사전에 모르고 있었다는 것이다. 또한 김계관이 과감한 접근 정책을 논의하자고 한 것도 K가 말한 북측이 준비한 최상과 최악의 시나리오 설명과 일치한다. 북한은 일단 최상의 시나리오(미국 측의 과감한 접근 정책 제시)를 가정한 안을 김계관 차원에서 제시했던 셈이다. 1장의 K의 발언 부분을 참고로 다시 인용한다.

> 특사 방문 전 미국 측은 주유엔 북한대표부와 사전에 접촉했는데 켈리 특사의 방문 목적이 첫째 부시 행정부의 정책을 설명하고 둘째 대화를 위한 안을 제시하는 것이라고 말했다. 이에 따라 북측은 상당한 희망과 기대를 가지고 강석주 제1부부장의 직접 지휘하에 외무성 내 대미 라인이 총력을 기울여 미국 측의 예상 입장에 따른 각각의 대응방안을 마련했다. 특히 최선과 최악의 시나리오까지 생각해서 대응방안을 만들어 장군님(김정일 위원장)의 결재까지 받아놓았다. 북측은 부정적 결과를 생각지 않았던 것은 아니나 긍정적 진전 가능성에 훨씬 큰 비중을 두었으며…

라이스 국가안보보좌관도 후에 자신의 회고록에 "북한이 켈리 특사가 제기한 사항에 대해 대응할 준비가 안 되어있었던 같다"고 기록한 것으로 보아 북한은 켈리 특사가 방북 시 고농축우라늄 이슈를 제기하리라는 것을 사전에 모르고 있었다는 것이 확실해 보인다.

다음 날 아침, 미국 측 대표단은 김계관 부부장을 다시 만났는데 김 부부장은 북한의 재래식 무력현황과 미사일 프로그램에 대해서는 언급했지만 HEU 프로그램을 논하는 것은 거부했다. 다만 김 부부장은 "미국이 힘과 강제적 압력으로 북한의 체제를 변화시키려 하고 있다면 북한도 초강경으로 맞받아칠 수밖에 없다"는 강경 입장을 밝혔다. 미국 대표단은 김계관 부부장 면담 후 김영남 최고인민회의 의장을 만났다. 실질적인 논의는 거의 없었으며 의전적인 성격이 강했다고 한다.

- **"핵무기는 물론 그보다 더한 것도 가지게 되어있다"**

이후 켈리 일행은 당일 오후 강석주 제1부부장을 만났다. 외교에 관한 한 북한의 최고 실세였던 강석주 부부장을 만나 본격적으로 HEU 문제를 논의한 것이다. 여기에서 강석주는 북한의 입장을 선명히 밝혔다. 켈리 특사의 방문 목적을 확실히 이해한 뒤 나온 발언이었다. 그는 1994년 제네바합의를 미국이 철저히 파괴했으며 북한을 '악의 축'으로 지목하고 선제공격의 대상으로 삼았다고 비난한 뒤 최고위급회담을 통한 일괄 타결을 제안한 것이다. 그의 발언은 이 책 1장에서 임동원 회고록《피스 메이커》를 인용해 소개한 바가 있다.

강석주는 어젯밤 군부 등 고위 관계자들이 모여 미국 측 주장을 검토한 결과를 통보한다며 북측 입장을 밝혔다. 그는 "미국 측이 제시한 고농축우라늄 계획이 실재한다"고 반항적인 어투로 시인한 후에 "미국이 엄청나게 보유하고 있는 핵무기로 우리를 '악의 축'이라고 하며 '선제공격'하겠다고 위협하는 마당에 우리도 국가안보를 위한 억제력으로서 핵무기는 물론 그보다 더 강력한 것도 가질 수밖에 없지 않겠느냐"고 항변했다. 그리고 "전쟁을 하자면 할 용의가 있다"고 서슴없이 폭언했다.

그러나 미국과 협상을 통해 해결할 용의가 있으며 "미국이 적대시 정책을 버리면 미국의 안보 관심사 해결이 가능하다"며 이를 위한 세 가지 조건으로 "체제 인정 존중, 불가침조약 체결, 경제 제재 해제" 등을 제시하고 새로운 합의 체결을 원한다고 했다. 그리고 "최고위층과의 회담을 통해 일괄타결할 것을 희망한다"고 밝혔다.

한편 강석주 발언과 관련 일본 언론인 후나바시 요이치는 미국, 중국, 일본, 러시아의 전·현직 관리들을 만나 인터뷰한 후 그의 저서《김정일 최후의 도박》에 이렇게 기록하고 있다.

> 강석주는 고농축우라늄에 대해 언급했다. 우리가 HEU 계획을 갖고 있는 게 뭐가 나쁘다는 건가? 우리는 HEU 계획을 추진할 권리가 있고 그보다 더 강력한 무기도 만들게 되어있다. 부시 정권이 이처럼 우리들에 대해 적대시 정책을 취하는 이상 우리가 HEU 계획을 추진한다 해서 무엇이 나쁜가? 그것은 미국의 적대시 정책에 대한 억지력 이외에 아무것도 아니다.

강석주 제1부부장의 발언과 관련해서는 프리처드 대표도 그의 회고록《실패한 외교》에서 언급하고 있다.

> 강석주는 북한의 입장에서 미국과의 대화에 참여하기 위해서는 수단 즉 우라늄 농축이나 핵무기가 필요하다고 말했다. 그는 북한이 우라늄 농축을 중단한다면 미국이 그에 대해 모든 것을 보상해 줄 것으로 이해하고 있다고 언급했다. 강석주는 미국이 불가침 평화 협정과 북한의 경제 발전을 방해하지 않는 것을 포함해 북한 정권을 인정할 것을 주장했다. 그와 같은 것들이 이루어지면 미국과 북한이 똑같은 지위에서 우라늄 농축에 관한 미국의 우려사항을 논의할 수 있을 것이라고 말했다. 그는 우라늄 농축에 덧붙여 다른 어떤 것도 생산할 준

> 비가 되어있다고 주장했다. 다른 것이 핵인지 생화학무기인지는 구체적으로 거명하지 않았다.

2002년 10월 4일, 켈리 특사와 강석주의 대화 내용과 관련해서는 몇 가지 분석이 가능할 것 같다. 하나는 고농축우라늄 프로젝트와 관련한 강석주 부부장의 발언에 대한 해석 문제였다. 대표단의 일원이었던 프리처드 대표의 증언에 의하면 당시 미국 대표단은 만장일치로 강석주가 북한의 농축 프로그램을 인정했다고 결론지었다고 했다.

나중에 북한 당국이 강석주 발언을 해석하고 나오면서 북한이 농축우라늄 프로그램을 인정했느냐 하지 않았느냐로 설왕설래가 많았지만 분명한 것은 명확히 부인하지 않은 것은 확실했다. 강석주 제1부부장에 앞서 만난 김계관이 명확히 부인했던 것과는 확실히 다른 것이었다. 강석주는 북한의 핵심 관계자들과 충분히 협의한 결과(물론 김정일 위원장에게도 보고하고 지침을 받았을 것…)라고 말함으로써 고농축우라늄 문제에 대한 북한의 입장을 공식적으로 밝힌 것이다.

다만 당시 켈리 특사가 북한의 HEU 프로그램과 관련해 구체적 증거를 제시하지는 않았던 것으로 알려지고 있다. 미국 대표단의 일원이었던 프리처드 대표도 켈리 특사가 증거를 제시하지는 않았다고 밝혔다. 이와 관련 켈리 특사 방북을 수행했던 데이비드 스트로브 당시 미 국무성 한국과장은 2009년 11월 18일, 한국 연합뉴스와의 인터뷰에서 당시 미국 측이 북한에게 고농축우라늄 관련 결정적인 증거를 제시하지 않은 이유는 미국의 정보를 역이용해 북한이 핵 프로그램을 감추는 데 활용할 것을 우려했기 때문이라고 말했다. 이후 북한이 증거를 내

놓으라면서 HEU 활동을 계속 부인하자 2004년 2월, 6자회담 2차 회의에서 HEU 프로그램의 핵심 장비인 원심 분리기 부품으로 사용 가능한 고강도 알루미늄관 등 장비 수입자료 등을 제시했다고 밝혔다.

강석주 발언 중 특기할 것은 미국이 핵 선제공격을 위협하고 있는 상황에서 북한은 핵 개발 프로그램을 유지할 당연한 권리가 있다는 논리로 대응하고 "전쟁을 하라면 할 용의가 있다"고 초강경 발언을 한 점이다. 전형적인 벼랑 끝 전술적 발언이라고 할 수 있다. 북한이 미국 측의 추궁에 대해 부인하지 않고 나온 이유(최소한 '전략적 모호성'이라는 표현을 쓸 수 있을 듯)는 미국이 협상에 나오도록 벼랑 끝 전술의 일종을 구사한 것이라고 볼 수도 있을 것이다.

그러나 한편으론 북측이 당시 미국과 협상을 통한 해결을 강력히 바라고 있었음도 또한 사실이라고 할 수 있다. 북한이 '최고위층 간의 회담을 통한 일괄타결'을 희망한 것은 북한으로서는 체제 생존의 문제가 달린 절체절명의 이슈로서 최고위층 간의 정치적 결단을 통해 이 문제를 해결하려고 했던 것이다.

이 부분은 앞서 1장에서 필자가 고방산 초대소에서 K와 나눈 대화와도 일치한다. 미국 측에게 다시 만나 이 문제를 협의하자고 거의 매달리다시피 했다는 이야기다. 최악의 경우에도 최소한 대화를 계속하기 위한 차기 회담 일정은 만들어 두려고 했다는 설명과 일치한다. 당시 K의 이야기를 참고로 다시 인용한다.

> 북측은 이런 상황에서도 미국과의 대화 가능성을 열어놓기 위해 애를 썼으나 미국 측이 거부했다. 북측은 떠나는 켈리 일행에게 최소

> 한 차기 회담 일자라도 잡아놓자고 사정을 했으나 미국 측은 냉정히 뿌리치고 떠났다. 그는 이런 상황에서 북이 할 수 있는 일이 무엇이 겠는가? 우리도 우리의 원칙적 입장을 확고히 표명하고 회담을 끝낼 수밖에 없었다. 무엇보다 실망스러웠던 것은 미국이 대화와 협상을 완전히 거부한 것이었다. 미국의 역대 어떤 정부도 대화와 협상을 완전히 거부한 예는 없었다. 초강대국으로서 세계 유일한 경찰의 지위를 유지하겠다는 미국이 다른 나라를 다루는 방식은 너무나 일방적이고 강압적인 데 실망을 금할 수 없었다.

마지막으로 북측의 협상 제의에 대한 미국 측의 반응 문제다. 결론적으로 말하면 미국 측은 별다른 대응을 하지 않았다. 오히려 매우 적대적 대응을 했다고 할 수 있다. 미국 대표단은 평양 방문 시 협상이 아니라 통보를 하러 간다고 공언한 대로 북측의 협상 제의에는 일언의 대꾸도 하지 않았다. 통상적인 외교 행태인 답례 만찬도 하지 않았다. 미국 내 강경파들이 반대했기 때문이다.

켈리 특사 일행은 평양 방문 후 귀국길에 서울에 들러 10월 5일, 오후 서울 한남동의 한국 외교통상부 장관 공관에서 최성홍 외교부 장관, 이태식 차관보, 그리고 임동원 대통령특보, 임성준 외교안보수석 등에게 약 한 시간 동안 방북 결과를 설명했다. 미국 측에서는 미국 대표단 전원과 허바드 주한 대사 등이 참석했다. 그 내용은 1장에서 설명한 바 있다. 그리고 켈리 특사는 10월 5일, 서울에서 열린 내외신 기자회견에서 미리 준비된 성명만을 읽고는 기자들의 질문을 받지 않은 채 떠났다. 고농축우라늄 프로그램이 논의된 사실도 밝히지 않았다. 켈리 특사는 한국 정부에도 신중 대응과 보안 유지를 당부했다. 한동안 미국은 고농축우라늄 문제를 공개적으로 거론하지 않았다. 북한도 이 문제를 공개적으로 거론하지 않았다.

북한은 켈리 특사가 10월 5일에 평양을 떠난 후 10월 25일, 북한 외무성 대변인 성명으로 고농축우라늄 사태에 대한 자신의 공식 입장을 밝힐 때까지 20여 일간 이례적으로 길게 침묵을 지켰다. 사태의 파장을 검토하며 북측 입장을 정리하는 데 시간이 걸렸던 것으로 보인다. 특히 이 기간 중 미국 측이 어떻게 나올지 긴장 속에서 사태의 추이를 지켜보았으며 이에 따라 10월 16일에 백악관 대변인 성명이 나온 뒤에도 거의 열흘이 지나 북측의 공식입장이 나온 것으로 보인다.

그러나 북한의 고농축우라늄 문제는 2002년 10월 9일과 12일에 미국의 넬슨 리포트(Nelson Report)가 보도한 데 이어 10월 17일 유에스에이 투데이(USA Today)에 보도되었다. 동 관련 사항이 유출되자 미국 정부는 대외 발표를 결정하고 10월 16일, 리처드 바우처 국무부 대변인 명의의 성명을 발표했다.

리처드 바우처 대변인의 성명은 1994년의 북미 간 제네바합의를 북한이 위반했다는 미국 행정부의 공식규정이라고 볼 수 있다. 또한 미국은 대북 관계 개선을 위한 과감한 조치를 준비해 오고 있었으나 북한의 HEU 프로그램으로 불가능해졌다고 밝힘으로써 책임이 북한에 있음을 명확히 했다.

이러한 상황에서 켈리 특사의 방북이 가져온 후폭풍과 관련해 한국 정부가 취한 기본적 입장은 제네바합의의 파기 가능성을 우려하고 이를 막는 데 최선을 다한다는 것이었다.

당시 한국 정부의 대북 정책의 핵심이었던 임동원 특보의 회고록에 의하면 한국 정부는 10월 10일, NSC 상임위원회 회의를 개최해 아래와 같은 입장을 정립했다. 북한의 고농축우라늄 계획에 대한 확실한 증거 확보를 위해 우방국들과의 정보 협력을 강화한다. 제네바합의 파기는 위험하며 이를 방지하기 위한 다각적인 외교 노력을 경주한다. 한미 정상회담(2002.02.20)에서 합의한 대로 북한의 대량살상무기 문제는 대화를 통해 평화적으로 해결해야 하며 군사적 조치는 배제해야 한다. 켈리 특사의 방북에 대한 답방으로 북한 강석주 제1부부장의 방미를 추진하여 협상의 계기를 마련하도록 노력한다. 로스 카보스에서 개최될 한미일 3국 정상회담에서 공동대책을 강구한다.

한국 정부는 상기와 같은 기본입장에 따라 APEC 정상회의를 계기로 10월 26일 멕시코 휴양지 로스 카보스에서 개최된 한미일 3국 정상회담에서 미국을 설득하려고 노력했다. 당시 정상회담에 배석했던 임동원 특보에 의하면 김대중 대통령은 아래 요지의 발언을 했다고 한다.

> 북한의 핵 개발은 용납할 수 없다. 그러나 한반도의 특수성을 감안하여 반드시 평화적으로 해결해야 하며 국제협력을 통해 외교적 노력을 경주하자. 며칠 전에 회담차 평양을 방문한 한국 통일부 장관을 통해 북한 최고지도자에게 우리 입장을 밝히는 한편 북한 측의 해결 방안을 제시하라는 메시지를 전했는데 어제 북한이 외교부 대변인 성명을 발표했다.
> 북한은 미국과의 불가침조약 체결과 핵 폐기를 일괄타결하자는 입장

을 밝혔다. 따라서 외교적 협상을 통해 이 문제를 해결해 나갈 수 있을 것이다. 제네바합의 이행 중단 조치는 그 결과가 가져올 위험성을 감안하여 신중에 신중을 기해야 한다. 북한으로 하여금 동결된 핵시설을 재가동케 하는 빌미를 주어 핵무기를 개발케 하는 결과를 초래해서는 결코 안 될 것이다.

이에 대해 부시 대통령은 북한에 대한 군사적 공격이나 침공 의도가 없으며 평화적 해결 의지에 변함이 없다고 확인했다. 그리고 북핵 문제를 평화적으로 해결할 수 있을 것으로 낙관한다고 전제한 후 북핵 문제가 해결되면 다른 모든 문제도 해결될 수 있다며 우리는 국제협력을 통해 계속 압력을 행사해야 한다고 주장했다고 한다.

한편 이날 채택된 공동발표문에는 한반도 비핵화를 재확인하고 고농축우라늄 계획은 제네바합의 위반이며 신속히 검증 가능한 방법으로 폐기할 것을 촉구했다. 그리고 이 문제의 평화적 해결원칙을 강조하고 남북 및 일북 대화를 북핵 해결을 촉구하는 통로로 활용할 것과 3국 공조로 다음 단계를 협의해 나가기로 한다고 밝혔다.

로스 카보스 정상회담 공동발표문에서 "남북 및 일북 대화를 북핵 해결을 촉구하는 통로로 활용" 등의 표현은 한국과 일본의 입장이 반영된 것이라고 할 수 있다. 켈리 방북 이전까지 한국과 일본은 그 어느 때보다도 활발히 북한과 대화를 하고 있었으며 고농축우라늄 사태로 그동안 어렵게 구축한 양측 간 대화 및 관계 개선 채널을 무너뜨리고 싶지 않았다고 할 수 있다. 이러한 분석은 이 책 1장에서 K가 필자에게 한 말과도 일치한다. 당시 K는 "이럴 때일수록 남측이 외부(미국을 의미하는 듯)의 영향을 받지 않고 남북 간의 사업을 계속해 나가야 할 것"이라고 말했고 또 "일본도 일북 공동선언 합의사항 이행이 미국의 영향으로 흔들려서는 안 될 것"이라고 말했다.

한편 3국 공조로 다음 단계를 협의해 나가기로 한다는 발표는 TCOG 개최를 의미하는 것이었다.

한편 한국 외교부도 10월 17일, 정부 입장을 발표했는데 북한의 비핵화 의무 준수를 촉구하면서도 한미일 공조와 남북 대화 채널을 통한 문제 해결 희망을 밝혔다.

한편 미 행정부의 공식 발표 이후 거의 열흘이 된 10월 25일, 북한이 침묵을 깨고 외무성 대변인 담화 형식의 장문의 성명을 발표했다. 그 내용은 아래와 같다.

> 남북 철도 연결과 일본과의 과거 청산을 비롯하여 지난 세기의 낡은 유물들을 없애기 위한 대담한 조치들이 취해지고 북은 경제관리 개선과 경제특구 조성 등 경제 활성화 조치를 취하는 등 아시아평화에 기여해 왔다.
> 미국과도 현안 문제를 해결하고 적대 관계를 해소하려고 미 대통령 특사를 기대를 갖고 맞이했으나, 그는 우리가 고농축우라늄 계획을 추진하여 제네바합의를 위반했다며 이를 중지하지 않으면 조미 대화도 없고 조일 관계와 북남 관계도 파국 상태에 들어갈 것이라며 일방적이고 오만무례하게 적반하장격의 강도적 논리를 폈다.
> 핵 문제는 미국이 세계 제패 전략에 따라 적대시 정책을 추구하며 핵무기로 우리를 위협해 옴으로써 생겨난 문제다.

제네바합의를 먼저 위반한 것은 미국이다. 제네바합의 제1조에 따르면 경수로를 2003년까지 제공키로 되어있으나 8년이 지난 지금 기초구덩이나 파놓은 데 불과하다.

이로 인해 우리는 전력 손실을 보게 되었다. 제2조에서 정치, 경제관계를 완전 정상화하자고 해놓고 적대시 정책과 경제 제재를 계속해 왔으며 '악의 축'이라며 우리를 압살하려 한다. 제3조에 따르면 핵무기를 사용하지도 위협하지도 않는다고 약속하고 우리를 핵 선제공격 대상으로 지정했다.

우리를 악의 축으로 규정하고 핵 선제공격 대상에 포함시킨 것은 우리에 대한 선전포고로서 제네바기본합의를 무효화시키고 핵확산금지조약을 유린한 것이다. 가중되는 핵 압살 위협에 대처하여 우리는 자주권과 생존권을 지키기 위해 핵무기는 물론 그보다 더한 것도 가지게 되어있다는 것을 명백히 말해주었다. (이 담화의 영어본에서는 '핵무기는 물론 그보다 더한 것도 가지게 되어있다'는 부분을 'was entitled to posess not only nuclear weapon but any type of weapon more powerful than that'이라고 표현함) 그리고 자주권 인정, 불가침 확약, 경제 발전 장애를 조성하지 않는다는 조건하에서 협상을 통해 해결할 용의가 있다는 것을 명백히 밝혔다.

미국이 불가침조약을 통해 우리에 대한 핵 불사용을 포함한 불가침을 법적으로 확약한다면 우리도 미국의 안보상 우려를 해소할 용의가 있다. 우리의 입장은 불가침조약과 안보 현안을 일괄타결하자는 것이다.

10월 25일, 북한 외무성 대변인 성명은 켈리 방북 이후 북한의 입장을 포괄적으로 밝힌 중요한 성명이라고 할 수 있다. 먼저 북측은 그동안 한반도정세 및 일북 관계에 상당한 변화와 진전이 있었다는 점을 언급했다. 남북 간의 철도 연결 문제 일북 관계 개선 노력 그리고 북한의 제반 경제개선 조치 등을 언급하면서 한반도 주변의 평화 무드를 강조했다.

이러한 상황에서 미 대통령 특사를 "기대를 갖고 맞이했다"고 말하고 있다. 그러나 그 기대는 깨지고 미국은 오히려 북한이 농축우라늄 프로그램을 추진하여 제네바합의를 깨뜨렸다고 적반하장격으로 나왔다고 주장했다. 그러면서 제네바합의를 먼저 위반한 것은 미국이라면서 "경수로를 2003년까지 제공키로 되어있으나 8년이 지난 지금 기초구덩이나 파놓았다"고 말하면서 경수로 건설이 지연되고 있는 상황을 미국 측의 제네바합의 위반으로 논리를 전개시키고 있다.

이 성명은 또한 강석주 제1부부장이 켈리 면담 시 "핵무기는 물론 그보다 더한 것도 가지게 되어있다는 것을 명백히 말해주었다"고 말한 것으로 명기했다. 농축우라늄 프로그램을 명백히 인정한 것도 아니고 부인한 것도 아닌 말하자면 전략적 모호성으로 정리하고 나온 것이다. 그리고 협상을 통한 문제 해결 용의, 일괄 타결 희망 등을 밝힌 것은 협상을 통해 문제를 해결하자는 입장을 계속 밝힌 것이라고 할 수 있다.

한편 켈리 특사는 부시 1기 행정부에서 4년간 국무부 동아태 차관보를 맡은 뒤 퇴임했는데 2005년 방한 시 조선일보와 인터뷰(6월 24일자, 김창기 편집부국장)에서 미국 측이 북한의 대화 제의에 응하지 않은 것을 다음과 같이 설명했다. "당시 강석주 제1부부장은 상당히 전투적이고 적대적인 주장들을 펼친 뒤에 끝 부분에서 미북 고위층 사이의 직접 대화 필요성을 언급했다. 그러나 당시 미국은 그것에 별 관심이 없었다. 왜냐하면 우리는 북한이 이미 그보다 3년 전인 클린턴 행정부 때부터 비밀리에 시작한 것으로 추정되는 우라늄 농축 프로그램에 대해 너무나 실망하고 있었기 때문이다. 그 충격 때문에 미국은 한국과 일본에 대해 대북중유 지원을 중단하자고 설득했다."

2 : 미국의 강경한 입장과 대북 중유 공급 중단

▪ 1994년 북미 간 제네바합의

여기서는 북핵 문제가 대두한 근원을 살펴보기 위해 우선 북한의 핵 활동의 역사를 살펴보는 게 좋겠다. 제네바합의나 북한에 대한 중유 공급 배경 등을 이해하기 위해서는 북한의 핵 활동의 역사에 대한 개괄적인 이해가 필요하기 때문이다.

태영호 공사는 회고록 《3층 서기실의 암호》에서 북한 정권이 핵무기에 대해 깊은 관심을 가지게 된 것은 한국전쟁과 관련이 있다고 증언하고 있다. "김일성이 핵무기가 지니는 심리적인 위력을 체감한 것은 6.25 전쟁 때다. 인천 상륙작전에 성공한 유엔군이 압록강까지 진격했다가 중공군 개입으로 전세가 밀리면서 주력군이 장진호 인근에서 중공군에 포위됐을 때 미국이 만주 또는 한반도 북부에 원폭을 투하하려 한다는 소문이 퍼졌다. 북한 주민들은 원폭 투하의 불안과 공포에 휩싸여 남쪽으로 피란을 떠났다. 피란민 행렬을 속수무책으로 지켜본 김일성은 이때 핵무기의 위력을 절감했다. 김일성이 원폭 개발을 결심하고 핵에 집착한 것은 이때부터다. 이에 따라 1950년대 말부터 원폭 개발을 위한 핵연구소를 만들었다."

이러한 배경하에 북한은 1956년 3월 구소련과 '원자력의 평화적 이용에 관한 협정'을 체결했다. 이 협정 체결로 소련으로부터 핵기술을 지원받을 수 있는 법적 근거를 마련한 북한은 그 뒤 해마다 수십 명의 과학자를 소련의 드브나 핵연구소에 파견 기술자를 양성했다. 이와 함께 북한은 북한 내 원자력연구단지 건설을 지원받는 협정을 1959년 소련과 체결했다. 이 협정 체결로 북한은 영변 핵단지를 건설하는 데 필요한 기반을 마련했다.

위의 협정에 근거하여 북한은 1962년, 영변에 원자력연구소를 세우고 1963년에는 소련으로부터 소규모 연구용 원자로 IRT-2000을 도입했다. 그리고 1967년에는 연구용 원자로를 가동해서 산업 의료 및 연구용 동위원소를 생산했다. 그리고 1970년대에는 독자적 기술로 설계한 흑연로 건설 계획을 수립한 것으로 파악된다.

이어 1974년 9월에는 국제원자력기구(IAEA)에 가입했으며 1977년 9월에는 IRT-2000 원자로에 대해 IAEA와 부분안전조치협정을 체결했다. 일반적으로 핵확산금지조약(NPT) 가입국은 IAEA와 전면안전조치협정을 체결하고 전면안전 조치를 받게 되나 당시 북한은 NPT 비회원국이어서 특정시설에 한해 부분안전 조치를 받게 되었다.

1980년대 들어 북한은 경수로 도입을 모색해 1985년 12월, 소련과 '원자력발전을 위한 경제기술협정'을 체결하고 4기의 440메가와트급 소련형 VVER 경수로 원전 도입을 추진하였다. 그 과정에서 소련이 원자력 협력의 조건으로 NPT 가입을 요구하자 북한은 1985년 12월 NPT에 가입하였다. 그러나 북한은 NPT 가입 18개월 이내에 안전조치협정을 체결해야 하는 NPT 의무 이행을 계속 지연시키고 비협조적인 자세를 보여 핵 개발 의혹을 불러일으켰다. 그런데 소련과 경협 사업으로 추진한 경수로 프로젝트는 초기 부지 조사만 마친 채 1991년, 소련의 붕괴로 중단되고 말았다.

북한은 경수로 도입 노력과 함께 독자적인 기술과 자원을 이용한 원자력 개발도 추진하였다. 1979년부터 영변에 5메가와트급 흑연감속로 건설을 추진했으며 그 결과 천연우라늄과 흑연을 이용한 흑연감속로 노형 개발에 성공, 1987년 영변 핵단지에서 5메가와트 흑연감속로를 가동하기 시작했다. 이 흑연감속로는 비록 초기 원자로 노형이나 무기급 플루토늄 생산이 용이하여 영변의 방사화학실험실과 함께 훗날 북핵 문제의 진원지가 된다.

미국은 1982년 4월, 감시위성을 통해 영변의 원자로 건설을 파악했고 1984년 3월과 6월에도 원자로와 냉각탑 등의 모습을 파악하고 있었다. 다만 당시에는 이것이 전력 생산을 위한 것인지 핵무기 개발을 위한 것인지를 구별할 수 없었다. 그러나 1986년 3월부터 재처리시설로 보이는 건물이 촬영되면서 북한의 핵무기 개발에 대한 판단을 굳히게 된다.

특히 1989년 9월, 프랑스 상업위성(SPOT)이 촬영한 영변 핵단지의 사진이 공개되면서 북한의 핵 개발에 대한 국제사회의 우려가 표면화되기 시작했다. 공개된 위성사진은 북한이 스스로 개발하여 1987년부터 가동한 5메가와트급 흑연감속로 외에도 50메가 200메가 흑연감속로, 그리고 방사화학실험실로 알려진 재처리시설 등의 건설현장을 보여주었다.

이 문제를 논의하던 IAEA 이사회는 1990년 2월 북한에 대한 안전

조치협정 체결과 IAEA 사찰 수락을 촉구하는 결의를 채택하였다. 이에 맞서 북한은 비핵국가에 대한 핵보유국의 핵 위협 금지와 한반도에서의 핵무기 철수, 대북 핵무기 불사용 보장 등을 요구했다. 그러나 IAEA 이사회는 이러한 북한의 요구를 IAEA의 권한 밖이라는 이유로 거부했다. 이러한 상황에서 북한의 NPT 탈퇴 가능성이 우려되자 소련은 1990년 4기의 소련형 경수로 원자로 판매 계획을 보류했다. 그리고 1991년에는 북한에게 IAEA 핵안전조치협정에 가입하라고 경고한 후 북한에 대한 원자력 장비와 기술 수출을 중단했다.

이어 아버지 부시 대통령(1989~1993) 당시 해외 전술핵무기 철수 결정이 발표되자 남북한 간의 한반도 비핵화 문제에 관한 협상이 이루어져 1991년 12월 31일, 양측은 '한반도 비핵화 공동선언'에 서명했다. 이에 따라 북한은 1992년 1월 30일, IAEA와 핵안전조치협정에 서명했다. 그리고 1992년 5월 4일, 보유 중인 핵시설에 관한 최초 보고서(Initial Report)를 IAEA에 제출했다. 이 보고서에서 북한은 핵무기 제조가 가능한 플루토늄을 한차례 소규모(90g)로 추출했다고 신고했다.

북한의 핵안전조치협정 서명을 기초로 IAEA는 1992년 5월부터 1993년 2월까지 6차례에 걸쳐 북한의 핵시설 및 핵물질에 대한 임시사찰을 실시했는데 그 결과 북한이 신고한 내용과 중대한 불일치가 발견되었다. 북한은 5메가와트 실험용 원자로에서 1회에 걸쳐 소량의 플루토늄을 추출했다고 신고했으나 사찰 결과 수차례에 걸쳐 보다 많은 양이 추출된 것이 밝혀졌다. 또한 북한이 신고한 방사화학실험실은 대규모 재처리시설로 판명됐다.

특히 미신고 시설 2곳은 재처리한 핵폐기물 저장소로 추정되어

IAEA 측이 특별사찰을 요구했으나 북한은 동 시설이 군사시설이라는 이유로 사찰을 거부했다. 북한의 거부에 대해 IAEA 이사회는 1993년 2월, 특별사찰 수락을 촉구하는 결의안을 채택했으나 북한은 이를 거부하고 1993년 3월 10일, 특별사찰 거부 및 NPT 탈퇴성명을 발표하는 것으로 대응했다. 이로써 소위 제1차 북핵 위기가 시작되었다.

북한의 NPT 탈퇴에 대해 IAEA 이사회는 1993년 4월 1일, 북한의 안전조치 불이행을 유엔에 보고하는 결의안을 채택하고 한스 블릭스 사무총장이 4월 6일, 이를 유엔 안보리에 보고했다. 1993년 5월 11일, 유엔 안보리는 북한의 NPT 복귀와 핵안전조치협정의 의무 이행을 촉구하며 모든 회원국들이 문제 해결에 나설 것을 권고하는 안보리 결의안 제825호를 채택했다. 관련국들에게 문제 해결 촉진을 권고한 안보리 결의는 이후 북미 양자 간 핵 협상 추진의 명분이 되었다. 핵 비확산 체제를 주도해 온 미국이 유엔 안보리 결의에 기초해 북한과 핵 문제 해결을 위한 협상을 진행하게 된 것이다.

북한과 미국은 1993년 6월 본격적인 핵 협상에 들어갔다. 미북 양측에서 갈루치 미 국무부 차관보와 강석주 북한 외교부부부장이 각각 양측 대표단을 이끌었다. 북미 핵 협상은 1993년 6월 2일부터 11일까지 뉴욕에서 1단계 회담이 개최되었다. 1993년 6월 11일 북한은 NPT 탈퇴를 잠정적으로 유보한다고 발표했으며 7월 9일에는 북미 양국은 협상을 통해 문제를 해결한다는 내용의 공동발표문을 채택했다. 이어 7월 제네바에서 2단계 회담이 개최되었는데 핵확산 위험성이 높은 북한의 흑연감속로를 폐기시키고 핵확산 저항성이 높은 경수로를 제공하는 문제를 중점 협의했다.

북한이 2단계 협상에서 경수로를 요구하자 북한의 의도를 둘러싸고 많은 논란이 있었으나 한국과 미국 정부는 경수로 제공을 통하여 북핵 문제를 해결할 수 있다는 방향으로 입장을 정리했다. 당시 한미 양국 정부는 북한의 흑연감속로를 주축으로 한 핵 개발의 봉쇄가 최우선적인 정책목표였다. 흑연감속로는 무기용 플루토늄 생산에 가장 적절한 원자로로 알려져 있고 북한은 실험용뿐만 아니라 전력생산용 대형 흑연감속로까지 건설하고 있어 이에 대한 조치가 시급한 상황이었다.

경수로 제공 수용 여부에 대해서는 한국 정부 내에 상당한 찬반 논쟁이 있었으나 정부는 북핵 문제 해결의 차원을 넘어서 한반도의 안정과 평화, 남북 협력과 민족공동체 발전을 도모한다는 명분에서 북한의 경수로 요구를 수용하기로 의견을 모았다.

이러한 한국 정부의 입장은 김영삼 대통령이 1993년 8월 15일, 광복절 경축사에서 북한이 핵 투명성을 보장하고 성실하게 대화에 임한다면 원자력에너지의 공동 개발과 평화적 이용을 위한 협력에 적극 나설 것이라는 입장 표명으로 발표되었다. 다음 해 광복절 경축사에서도 김영삼 대통령은 "민족발전공동계획에 따라 북한이 핵 투명성을 보장한다면 경수로 건설을 비롯한 북한의 평화적 에너지 개발에 우리의 자본과 기술을 지원할 용의가 있다"고 재천명하였다.

북미 간 3단계 협상은 1994년 7월, 제네바에서 개최되었는데 김일성 주석의 사망(1994년 7월 8일)으로 일시 중단되었다가 8월 5일 재개되었다. 여기에서 뒷날 미북 제네바합의의 골격이 될 흑연감속로와 경수로의 교환해법에 대해 합의했다. 양측은 원전 모형의 교체와 함께 경수로건설 기간 동안 대체에너지를 제공하기로 합의하였는데 대체에너지의 제공 문제가 처음으로 북미 양측 간에 협의된 것이다.

북한은 경수로를 제공받아 가동하기까지의 기간인 약 10년의 기간 동안 기존 원자로 가동 중단으로 초래될 에너지 부족분에 대해 보상을 해달라고 요구했다. 북한은 이미 가동 중이던 5메가와트 원자로 이외에 건설 중이던 50메가와트와 200메가와트 흑연감속로에 대해서도 완공 후 생산될 전력분에 대해 보상을 요구했다. 아직 완공되지도 않은 원전에 대해서 전력을 보상한다는 것은 논란의 소지가 있다고 할 수 있다. 그러나 미국으로서는 북한이 건설 중인 흑연감속로를 중단시키는 것이 목적이니만큼 이 문제도 포함해 협상에 응했다. 미북 양측은 대체에너지 분으로 연간 중유 50만 톤을 북한에 제공하기로 합의했다.

중유는 원유로부터 LPG, 가솔린, 등유, 경유 등을 증류하고 남은 기름이다. 원유에서 분리한 물질 중 거의 마지막 부분에 나오는 것으로서 끈끈한 기름 찌꺼기 같은 것이다. 발열량이 석탄에 비해 약 2배나 되고 열효율도 뛰어나며 연소 때 재가 없고 불을 붙이거나 끄는 것도 간단한 편이다. 원유에서 나오는 물질 중 가격이 저렴하고 발열량이 높기 때문에 내연기관 및 보일러의 열에너지원으로 많이 쓰여 연료유(Fuel Oil)라고도 불린다. 또 수송이나 저장에 용이하고 액체연료이기 때문에 양을 조절하기도 쉬워 석탄을 대체하면서 수요가 급격히 늘고 있었다. 중유는 연료 이외에도 윤활유의 원료, 도시가스 원료 및 석유 코크스의 원료 등으로도 사용된다.

북한은 당초 대체에너지로 연간 중유 50만 톤을 요구하면서 이를 현금으로 지급할 것을 요구했으나 미국 측이 거부했다고 한다. 북한은 수십 년간 동독으로부터 중유를 공급받아 북쪽 국경 부근에 있는 거대한 발전소의 동력으로 사용하고 있었으며 당시 미국에서는 모르고 있었지만 발전소 추가 건설과 더불어 중유를 확보하는 사안은 김일성이 몹시 갈망하던 일 중의 하나였다고 한다(돈 오버도퍼,《두 개의 한국》참고).

그 후 미북 양측은 추가협상을 거쳐 1994년 10월 21일, 북핵 문제 해결의 기본구도인 '미북 제네바 기본합의(Agreed Framework)'를 채택 서명했다. 제네바합의문은 형식이나 내용 면에서 구속력을 갖는 의무조항이 포함된 사실상의 조약이었지만 미 상원의 인준을 받지 못할 가능성을 우려해 조약 대신 '기본합의문'이라는 형태가 되었다. 실제로 북한은 미 행정부가 의회의 제동으로 인해 합의문을 이행하지 못하는 사태를 크게 염려하고 있었다.

북한은 합의서에서 경수로 관련 핵심부품의 인도 이전에 IAEA의 모든 안전조치 의무를 전면 이행하고 핵 활동을 즉각 동결하며 관련 시설을 해체할 뿐만 아니라 사용 후 연료봉을 재처리하지 않고 북한 내에 안전하게 보관한 뒤 제3국으로 이전하는 것에 동의하였다. 이에 대해 미국은 합의 후 3개월 후부터 경수로 공급 때까지 중유로 대체에너지를 공급하고 북한에 2,000메가와트급 경수로 제공 및 이를 위한 컨소시엄 구성에 합의하였다. 기본합의문에는 미국의 대북 무역 및 투자 제한의 일부 해제, 양측의 연락사무소 교환 설치, 한반도 비핵화공동선언의 이행 및 남북 대화 재개의 문구도 삽입되었다.

제네바합의 중 중유 관련 사항은 다음과 같다. 1994년 10월 20일,

대체에너지 제공과 관련한 미국 대통령의 보장 서한에 의거, 미국은 국제 컨소시엄을 대표하여 북한의 흑연감속로 원자로 동결에 따라 상실될 에너지를 첫 번째 경수로 완공 시까지 보전해 주기 위한 조치를 취한다. 대체에너지는 난방과 전력 생산을 위해 중유로 공급한다. 중유의 공급은 본 합의문 서명 후 3개월 내에 개시되고 양측 간 합의된 공급 일정에 따라 연간 50만 톤 규모까지 공급한다.

이에 따라 미국은 북한의 요청대로 합의문 서명 하루 전날 클린턴 대통령 명의의 보장 서한을 '김정일 조선민주주의인민공화국 최고지도자' 앞으로 보냈다. 그 내용은 경수로 지원을 주선하고 건설 기간 동안 잠정적인 대체에너지 수단을 제공하기 위해 의회의 승인을 얻어내는 데 대통령으로서의 모든 권한을 동원할 것임을 약속하는 것이었다.

한편 이러한 제네바합의와 대북 중유 공급에 대해 미국 내 일각에서는 비판의 목소리도 있었다. 부시 행정부 국무성에서 핵심 네오콘으로 간주되었던 볼턴 국무차관은 클린턴의 대북 정책과 미북 제네바합의는 북한과 같은 깡패국가(Rogue State)가 설득에 의해 핵무기를 포기할 수 있을 것으로 기대하는 환상의 전형적인 예로서 대북 유화 정책이라고 비판했다.

볼턴 차관은 중유 공급이 북한의 영변 원전 동결로 인한 전력 손실에 대한 단기간의 보상을 위한 것이라고 했으나 영변 원전은 송전선과도 연결된 일이 없는 당초부터 전력공급용이 아니었으므로 조크에 지나지 않는다고 비판했다. 또한 경수로도 핵무기 확산에 적합하지 않은 원자로라고 선전되었으나 실제와는 다르다고 주장하면서 경수로 제공에 매우 비판적인 입장을 밝혔다. 볼턴 차관은 회고록에서 클린턴 정부 당시 관계자들이 자신에게 경수로 완공 이전에 북한의 김정일 정권이 무너질 것으로 생각했다고 말했다고 밝히기도 했다.

제네바합의에 대한 비판은 북한에서도 있었다. 탈북 외교관 태영호에 의하면 신포 경수로 원전 공사 관련 업무를 맡았던 전력공업부는 제네바합의에 송전수송망이 포함되지 않은 것은 미국에 속은 매국적 합의라고 비판하면서 재협상을 주장했다고 한다.

▪ KEDO 설립과 연간 50만 톤의 대북 중유 공급

한편 한미일 3국은 미북 제네바 기본합의문의 이행을 위한 관련국 간 협력 조정과 필요한 사업의 재원 조달과 수행을 위해 1995년 3월 9일, 뉴욕에서 한반도에너지개발기구(KEDO) 설립협정문에 서명했다. KEDO는 북한에 제공할 경수로발전소에 대한 재원 조달과 공급, 그리고 대북한 대체에너지 공급 등을 목적으로 1995년 3월 9일, 한국, 미국, 일본, 3개국이 설립한 국제 컨소시엄이었다. 본부는 뉴욕에 있으며 조직은 최고의사결정 기구인 집행이사회와 집행이사회 결정사항을 집행하는 사무국, 그리고 총회 등으로 구성되었다. 이 협정은 3개 원회원국들이며 집행이사국들인 미국, 한국, 일본이 서명하면서 동시에 발효되었다.

KEDO 설립협정의 핵심 내용은 경수로 사업과 대체에너지 제공에 관한 것이었다. KEDO 설립협정은 대체에너지 제공 문제를 기구의 주요 목적 중의 하나로 설정하여 '경수로발전소 제1호기가 건설될 때까지 북한의 흑연감속로에서 생산되는 에너지를 대신하는 대체에너지의 공급'을 명기하고 '기구의 기능을 수행하는 권한을 집행이사회'에 둔다고 규정했다.

위와 같이 KEDO가 설립됨에 따라 미북 기본합의문상의 대북한 대체에너지 제공은 공식적으로 KEDO의 업무 소관이 되었고 관련 권한은 KEDO 집행이사회가 행사하게 되었다. KEDO가 대북한 중유 공급의 공식적인 주체가 되었지만 자금 조달은 당초부터 한미일 3국 간에 주책임을 미국이 지기로 양해가 되어있었다. 그러나 미국은 대북한 중유 공급 비용 조달에서 처음부터 상당한 어려움을 겪기 시작했다. 1995년, 당시 연간 50만 톤의 중유 제공 비용은 수송비 등 부대 비용을 포함해 당시 시장가격으로 연간 약 6천만 달러가 소요되었다.

그러나 클린턴 행정부 당시 예산 승인권을 가지고 있던 미 의회는 상하원을 모두 공화당이 장악하고 있었다. 공화당은 클린턴 민주당 행정부가 추진하고 있던 대북 정책, 핵 비확산 정책에 상당히 부정적이었으며 이 때문에 클린턴 행정부는 초기부터 중유 제공 비용 확보에 어려움을 겪었다.

이와 같이 처음부터 중유 제공 재원 확보가 절박한 문제가 되자 미국은 한국과 일본 정부도 중유 재원을 일부 분담해 달라고 요청했다. 그러나 한국 측은 제네바합의 당시부터 중유 제공은 미국이 책임지기로 했고 또 한국이 경수로 건설 비용의 상당 부분을 부담하기로 양해한 상황에서 중유 비용까지 부담하는 것은 받아들일 수 없다는 입장이었다. 특히 미국이 중유 비용 조달의 주책임을 지기로 해놓고 처음부터 너무 성의가 없어 보이는 것도 문제였다. 일본 측도 중유 비용 부담에 난색을 표한 것은 마찬가지였다.

이와 같이 중유 공급 재원이 적시에 조달되지 않음에 따라 1996년도에는 3천5백만 달러 1997년도에는 약 4천만 달러 규모의 부채가 발생하기도 했다. 이러한 재원 부족분에 대해서는 우선 공급자신용방식으로 조달해야 했다.

결국 미국은 KEDO 회원국을 일부 확대하여 기여금을 확보하는 방안밖에 대안이 없다고 생각하고 한국, 일본과의 협의를 거쳐 EU와 동남아국가들을 중심으로 회원국 확대 노력을 했다. EU가 1997년 회원자격과 함께 집행이사국의 지위를 갖게 된 것은 이러한 배경 하에서였다. EU와의 협상은 1996년부터 근 1년이 소요되었는데 EU는 총 7천5백만 ECU (당시 EU의 통화단위, 당시 환율로 8천3백만 달러 규모)를 5년에 걸쳐 분납하는 조건으로 집행이사국의 지위를 확보하고 1997년 9월 KEDO에 정식 참여했다.

이러한 우여곡절 속에서 KEDO는 1995년 중 총 3회에 걸쳐 15만 톤의 중유를 북한에 제공했다. 첫해에 50만 톤을 제공하지 않고 15만 톤만을 제공한 것은 사전에 미국과 북한의 별도합의가 있었기 때문이다. 그 이후로는 대체로 매년 50만 톤 규모의 중유가 제공되었는데 KEDO 집행이사회가 중유 재원 확보 상황과 북한의 저장시설의 저장능력 등을 감안해 매월 북한에 전달할 중유 규모를 결정하였다.

한편 1996년 9월, 발생한 북한 잠수함의 한국 동해안 강릉 침투 사건으로 당시 한국의 김영삼 정부가 크게 반발해서 미국 주도의 대북 중유 공급의 중단이 검토되기도 했다. 북한 잠수함 침투 사건과 대북 중유 공급 문제는 직접관련성이 없다고 할 수도 있겠으나 민족 공동 발전이라는 큰 명분하에 대북 경수로 제공에 합의했던 한국 정부로서는 북한의 명백한 군사 도발에 대해 그대로 지나갈 수가 없다는 입장이었다.

이 문제는 1996년 12월 29일, 북한이 잠수함 사건에 대해 깊은 유감을 표시함으로써 해결되었다. 이후에도 1998년, 북한의 미사일 발사로 미국의회의 여론이 악화되어 미국 행정부가 예산을 확보하는 데 어려움을 겪기도 했다. 더군다나 1995년도에 1톤당 83달러이던 중유 가격이 2000년 180달러, 2001년 142달러, 2002년 215달러로 급상승하자 중유 제공 비용은 항상 현안이 되었다.

전체적으로 KEDO는 1995년부터 2002년 11월, 마지막 중유 제공 시까지 북한에 총 356만 톤 규모의 중유를 제공하였다. 첫해인 1995년에는 미북 간 합의에 의해 15만 톤이 제공되었으나 1996년부터는 제네바합의에 따라 연 50만 톤 규모의 중유 공급이 계속되었다. 다만 2002년에는 부시 행정부의 켈리 특사의 방북에 이은 고농축우라늄 파동으로 11월분까지만 중유가 공급되었다. 중유 구입에 쓰인 비용은 총 5억2천1백만 달러가 소요되었고 총 공급 비용은 중유 구입 비용에 더해 10~15% 정도의 운송비, 보험료 등이 추가되었다.

총 공급 비용은 미국이 5억2천1백만 달러 중 상당 부분인 3억7천3백만 달러를 부담하였고 EU가 9천5백만 달러, 그리고 나머지 5천3백만 달러는 미국의 요청으로 미국의 우방국을 중심으로 20개국이 기여하였다. 경수로 건설 사업비의 대부분을 부담하고 있던 한국과 일본은 중유 구입 비용은 부담하지 않았다.

연도별 중유 공급 현황

연도별	공급량 (만톤)	금액 (백만달러)	미국기여액 (백만달러)	기타국 기여액* (백만달러)
1995	15	15.79	5.5	10.29
1996	50	67.35	22.0	45.35
1997	50	64.96	21.0	43.96
1998	50	48.69	46.4	2.29
1999	50	62.12	61.6	0.52
2000	50	95.25	60.6	34.65
2001	50	78.78	70.3	8.48
2002	41	88.18	86.17	2.01
소계	356	521	373	148

* 자료 출처: 『KEDO 경수로사업지원백서』 경수로사업지원기획단 2007. p.241

연도별 중유 가격 현황

구분	1995	1996	1997	1998	1999	2000	2001	2002
가격 (달러/톤)	83	121	108	83	104	180	142	215

* 자료 출처: 『KEDO 경수로사업지원백서』 p.241

연도별 중유 공급 예산 확보액

구분	1995	1996	1997	1998	1999	2000	2001	2002
금액 (1천달러)	12,214	24,613	22,865	48,191	63,255	63,206	72,160	88,030

* 자료 출처: 『2003년도 KEDO 연례보고서』 pp.12-15

대북 중유 공급은 구체적으로는 미국이 공급 비용(재원)을 조달하여 KEDO에 제공하면 KEDO가 미국 ISC(International Service Corp)사에 중유 제공 업무를 위탁하는 형태로 추진되었다. ISC는 월 1회 공개입찰을 통해 중유 반출 업체를 선정, 수송하였는데 중유의 구매와 선적에는 한국의 LG-Caltex, 선경, 일본의 ITOCHU, Petro Diamond, 싱가포르 BP Singapore 등이 참여하였으며 중유는 주로 싱가포르에서 선적되었다.

싱가포르에서 구입, 선적된 중유는 북한의 동해 지역에 위치한 선봉항과 서해 지역에 위치한 남포 송림항을 통해 제공되었고 북한 내 7개 발전소(선봉, 북창, 평양, 동평양, 선천, 청진, 영변)와 새로 세워진 1개의 소규모 전력생산시설(Computerized Control Room)을 가동하는 데 사용되었다.

KEDO는 북한에 공급된 중유의 목적(난방 발전) 내 사용 여부를 확인하기 위해 유량계를 상기 7개의 북한 화력발전소와 한곳의 전력생산시설에 달아 모니터링하였다. KEDO와 북한 간에는 유량계 설치 문제로 갈등을 빚기도 했다. 북한은 초기에 일부 시설에 유량계를 설치하지 않아 전용 의혹이 제기되기도 했으나 이 문제는 더 이상 이슈가 되지 않았다.

중유 공급 중단과 관련된 사항은 2012년 필자의 북한대학원대학교 석사학위 논문('2002년 대북중유공급중단 결정에 관한 연구')에 자세히 나와있다.

▪ 한미일 대북정책조정그룹(TCOG) 회의, 미국과 한일연합 충돌

한미일 3국이 켈리 특사 방북으로 불거진 북한의 고농축우라늄 핵 개발 의혹 문제와 관련 본격적으로 대응 방안을 협의한 것은 한미일이 참여한 대북정책조정그룹 회의를 통해서였다. TCOG 회의는 북한 핵, 미사일 문제, 한반도 평화 정착 문제 등을 협의하기 위해 한미일 3국이 만든 감독 조정기구였다. 1999년 페리 보고서 및 이에 따른 대북 포괄적 접근 방법을 논의하는 과정에서 한미일 공조를 위해 만든 것이다. 1999년 5월, 도쿄에서 1차 회의가 개최된 이후 주요 사안이 있을 때마다 개최되었다. ,

북한의 고농축우라늄 개발 의혹과 관련 중유 공급 중단 문제를 협의하기 위한 첫 TCOG 회의는 2002년 11월 9일(토) 일본 동경에서 개최되었다. 한국에서는 이태식 외교부 차관보가 수석대표로 참석했고 심윤조 외교부 북미국장, 기타 통일부, 국방부 관계자들이 참석했다. 필자도 경수로기획단을 대표해서 참석했다. 일본 측은 다나카 히토시 외무성 아주국장이 수석대표로, 그리고 니시다 외무성 정책국 심의관 외에 방위청 관계자 등이 참석했고 미국 측은 제임스 켈리 국무성 동아태 차관보를 수석대표로, 하워드 베이커 주일 대사, 찰스 프리처드 대북담당 특사, 로우레스 국방부 부차관보, 데이비드 스트로브 국무성 한국과장 등이 참석했다.

여기에서 잠깐 각국 수석대표의 경력과 정부 내 입지, 그리고 북핵 문제에 대한 기본인식 등에 대해 살펴보기로 한다. 한국의 이태식 수석대표는 직업외교관 출신으로 1998년, 김대중 정부 출범 직후 KEDO

사무차장으로 임명된 후 주이스라엘 대사를 거쳐 2002년 초, 외교부 차관보로서 북핵 문제 등을 담당하고 있었다. 자기주장과 논리가 강한 스타일로서 당시 김대중 정부의 햇볕정책을 관료로서 뒷받침하고 있었다.

다나카 히토시 일본 측 수석대표도 직업외교관으로서 일본 외무성에서 미국과 동북아 문제를 주로 담당하면서 정책통으로 성장했다. 관료로서는 드물게 '정책의 다나카'라고 불릴 정도로 역량을 인정받고 있었으며 북동아과장 당시 이미 장래의 외무성 사무차관감으로 불렸다. 특히 그는 아주국장 당시 고이즈미 총리의 강력한 신임 속에서 북한과 비밀리에 교섭을 진행해 일북 정상회담을 성사시킴으로써 일본 내에서 스타급 외교관으로 자리 잡은 인물이었다. 나는 동경 근무 시 그를 알게 된 이래 샌프란시스코 총영사관 시절 등을 거치면서 계속 가까운 지인으로 지냈다. 내가 주인도 대사로 근무할 당시 현지 일본 대사였던 겐지 히라마츠 대사가 일북 정상회담 추진 당시 북동아과장으로서 다나카를 보좌했다.

한편 제임스 켈리 동아태 차관보는 해군 대령 출신으로서 레이건 대통령 및 아버지 부시 정권하에서 백악관에서 일했고 아들 부시 정부 출범 후인 2001년 4월, 국무성 동아태 차관보로 임명되어 일하고 있었다. 자기주장이 강한 캐릭터라기보다는 마음씨 좋은 할아버지 같은 인상이 주는 것과 같이 원만한 성격의 화합형 인사였다.

한국과 일본 대표단은 한미일 3국 회의 하루 전인 11월 8일(금) 오후 한일 양자협의를 가졌다. 11월 9일에는 미일 양자협의가 조찬 형식으로 열렸고 이어 한미 간에 양자협의가 개최되었다. 한미일이 3자 협의를 하기 전 각각 양자협의를 통해 우선국별 입장을 탐색하는 시간을 가진 것이다. 특히 한국과 일본은 사전 양자협의를 통해 미국에 대한 공조 가능성을 탐색했다.

먼저 11월 8일 오후, TCOG 회의 중 최초로 한일 양자협의가 있었다. 먼저 일본 대표단은 제네바합의가 북한의 플루토늄 핵무기 개발을 저지하는 유용한 수단이라는 기본적 인식하에 제네바합의가 유지되도록 상황 관리 차원에서 문제에 접근할 필요성을 제기했다. 특히 일본 측은 여러 가능성에 대비한 세부적인 게임 플랜을 만들어 대처해 나갈 것을 주장했다. 중유 공급이 제네바합의의 매우 중요한 부분이므로 중유 공급 중단 시 북한이 제네바합의와 관련한 약속에서 이탈할 수 있으므로 상황이 통제 불능 상태에 빠지지 않도록 세부적 게임 플랜을 만들어 놓아야 한다는 입장이었다. 매사 디테일에 집착하는 일본 외교의 특성이 잘 나타나는 부분이다.

한국 측은 제네바합의가 북한의 플루토늄 핵 개발 저지 및 한반도 평화 안정 등에 일정한 역할을 해왔다는 입장에서 일본과 동일했다. 또한 제네바합의의 기본사항들은 그대로 유지되어야 하며 북한이 핵 합의를 깨고 나오는 것과 같은 구실을 주지 않도록 해야 한다는 입장도 같았다. 이와 함께 대북 중유 공급은 매우 중요하므로 11월분 중유는 공급되어야 하고 예산이 허용하는 한 12월, 그리고 다음 해 1월에도 중유 공급은 계속 되어야 한다는 입장이었다.

특히 중유 공급 중단은 북에 잘못된 신호를 줄 수 있으며 북한이 매우 적대적 행동으로 나올 가능성이 있을 것으로 우려했다. 한국 측은 목전에 한반도에 위기 상황이 오는 것을 원치 않았으며 외교로서 문제를 해결해야 한다는 입장이었다. 한편 한일 양자협의에서는 양국의 반대에도 불구 미국이 중유 공급 중단을 밀고 나갈 경우 KEDO 사업에 미칠 영향에 대해서도 우려했다. 상기와 같은 한일 양자협의를 통해 한국과 일본은 상당 분야에서 공유점을 가지고 있는 것이 확인되었다.

첫째는 미북 제네바합의가 그동안 북한의 플루토늄 핵무기 개발을 저지하는 데 유용한 수단으로 기능해 왔다고 평가한 점이다. 따라서 제네바합의가 깨어지지 않도록 상황을 관리해 나가야 한다는 데 공통된 정세 인식이 있었다. 부시 정부의 네오콘들이 미북 제네바합의에 대해 매우 부정적 시각을 가지고 있었던 점과는 상반되는 상황 인식이었다고 할 수 있다.

둘째는 중유 공급 중단 시 북한이 제네바합의를 이탈할 수 있는 구실을 줄 수도 있으므로 극히 신중하게 대응해야 한다는 것이었다. 한일 양측은 모두 중유 공급 중단 시 북한이 이에 대해 강경하게 대응하고 나올 가능성이 있다고 판단했다. 따라서 11월분 중유뿐만 아니라 12월 이후에도 예산이 허락하는 한 대북 중유 공급은 계속되어야 한다는 입장이었다. 특히 일본 측이 예상되는 여러 상황과 관련 사전에 상세한 시나리오, 게임 플랜을 만들어 대응할 것을 제의한 것은 그 뒤의 상황 전개를 볼 때 의미 있는 제안이었다고 할 수 있다.

셋째는 한일 양측은 일단 외교적 노력을 통해 북한을 최대한 설득한다는 입장을 공유했다. 즉 기존의 남북 간 및 일북 간의 대화 채널을 통해 북한이 핵 활동 중단에 관한 약속을 준수하도록 설득할 필요가 있다는 데 공통의 인식을 가지고 있었다. 일본으로서는 일북 국교 정상화 협의가 계속되고 있는 상황에서 중유 문제로 일북 회담이 좌초되는 것을 원치 않았다. 이러한 점에서도 기존의 양자 간 채널을 통해 대북 설득 노력을 해나갈 필요가 있다고 판단했던 것 같다.

넷째는 한일 양측은 대북 중유 공급 중단이 KEDO 사업 전반에 미칠 상황에 대해 우려를 가지고 있었으며 특히 경수로 건설이 계속 진행될 수 있을지에 대해서 상당한 우려를 가지고 있었다고 할 수 있다.

11월 8일, 한일 간 양자협의에 이어 11월 9일, 한미 양자협의가 개최되었다. 한국 대표단의 입장은 한일 간 양자협의 시 밝힌 것과 같은 것이었다. 즉 한국 측은 제네바합의가 플루토늄 핵 활동 동결 등의 사항에 대해서는 유효하게 유지되어 왔다는 인식하에 새로운 행동 계획이 만들어질 때까지는 제네바합의가 계속 유지되어야 한다는 기본입장이었다. 또한 이 시점에서 중유 공급을 중단할 경우, 북한이 바람직하지 않은 행동으로 나올 가능성이 있고 특히 북한에게 제네바합의를 무효화시킬 구실을 주게 될 가능성이 있다는 입장이었다. 따라서 중유 공급을 중단할 경우에 얻는 것과 잃을 것을 냉정히 분석해 대응해야 할 필요성이 있음을 제기했다.

이에 반해 미국 측은 북한의 핵 계획이 다른 나라에 확산되고 테러리스트들에게도 전달될 우려가 있다는 문제 제기와 함께 '나쁜 행동에 대해 보상을 해서는 안 된다'는 차원에서 확고한 대응이 필요하다는 입장이었다. 중유도 11월분 중단이 안 되면 12월분부터는 확실히 중단되어야 한다는 강경한 입장이었다. 이와 함께 미국 측은 경수로 계속에 대해서도 부정적인 입장이었다. 여기에다 미국 측은 한국이 북한과 새로운 프로젝트를 하지 말 것과 현재의 대북 경협 활동도 동결했으면 한다는 입장이었다.

한미 양자협의에서 한국과 미국은 제네바합의에 대한 견해, 중유 공급 문제, 경수로 문제 등에 대해서 매우 다른 입장에 있음이 명백했다. 특히 미국 측은 기존의 남북 간 제반 경협 활동도 동결하고 새로운 프로젝트를 하지 말 것까지 요구하고 나서는 매우 강경한 입장임이 확인되었다.

한미일 3국은 11월 9일 오전, 3자 회의를 개최했다. 미국 측 대표단은 준비한 텍스트를 그대로 읽었다. 준비된 텍스트를 그대로 읽었다는 것은 켈리 수석대표에게 어떤 재량도 주어지지 않았다는 것을 이야기했다. 한국과 일본에게 강경한 미국 측의 입장을 일방적으로 설명한 것이나 마찬가지였다.

이에 비해 한국 측 대표단은 남북 양자 채널을 통한 북한 설득 노력을 설명하면서 대화에 의한 평화적 해결 노력을 최대한 해나갈 것을 주장하고 중유도 11월분은 제공하고 그 후는 북한의 반응을 보아가며 결정할 것을 제의했다.

일본 측 대표단도 일북 수교회담 경과를 설명하면서 제네바합의와 관련해 너무 서두른 결정은 반대한다는 입장에서 유엔에 가는 것을 포함, 세부적 게임 플랜이 필요하다는 입장을 밝혔다. 특히 한미일 3국 공조의 중요성을 강조하고 현 상황에서 너무 극적인 조치를 취해서는 안 된다는 입장을 견지했다.

이에 대해 한국 측 수석대표인 이태식 차관보는 신중론을 폈다. "중유공급 중단은 북한의 핵 활동 재개를 촉발할 위험이 있으니 신중을 기해야 한다. 일단 11월분은 그대로 공급하고 사태 악화를 방지하기 위하여 북한을 설득하는 외교적 노력부터 전개해야 한다. 우선 KEDO

집행이사회의 장선섭 의장과 찰스 카트만 사무총장을 평양에 급파하여 북한의 해명과 전향적 조치를 촉구하는 한편 북한의 반응이 부정적일 때는 중유 공급이 중단될 수도 있음을 경고하는 노력부터 선행하자"고 주장했다.

한국 측이 중유 공급이 북한의 핵 활동을 촉발할 위험이 있다고 판단한 것은 불과 몇 개월 뒤의 상황 전개를 볼 때 정확한 판단이었다고 볼 수 있다. 또한 일단 11월분은 그대로 공급하고 그 이후는 최대한 외교적 노력을 경주해 보자고 한 것은 미국이 11월분부터 중유 공급 중단을 주장하고 있음에 비추어 우선 급한 불은 끄고 남은 기간이라도 최대한 북한과의 협상을 통해 문제를 해결하려는 생각을 가지고 있었다고 할 수 있다.

중유 공급 중단 문제 등과 관련 한국과 일본이 동일한 입장을 취하면서 미국 측과 대립했다는 것은 일본의 한반도 문제 전문가로서《김정일 최후의 도박》을 쓴 아사히 신문 대기자 후나바시 요이치의 기록에도 나온다. 후나바시 요이치에 의하면 한국과 일본 대표는 모두 켈리 차관보에게 HEU 정보의 신뢰성 문제, 경수로 및 KEDO의 효용성 문제 등과 관련 심각한 이견을 보였다고 썼다.

켈리는 "북한은 결코 경수로를 갖게 되는 일이 없을 것이고 가져서도 안 된다는 것이 미국의 생각"이라고 말했으며 이에 대해 일본 대표인 다나카 히토시와 한국 대표인 이태식 차관보가 비판했고 특히 다나카는 격렬했다. 다나카는 미국의 HEU 정보의 타당성에도 의문을 던졌다고 한다. 후나바시 요이치는 중유 공급 중단 문제를 둘러싸고 미국 측과 한일 연합이 정면충돌함으로써 TCOG이라는 한미일 협의기구의 효용성 자체가 금이 갔으며 그 이후 얼마 안 되어 끝이 났다고 평가했다.

한편 미국 측 대표단의 일원으로 참석했던 프리처드 대사는 자신의 회고록에서 북한에 대한 중유 공급 문제와 관련해 미 행정부 내의 움직임을 아래와 같이 증언하고 있다.

행정부 고위관리들이 보인 첫 번째 반응은 중유 공급을 즉각 중단하라는 요구였다. 국방부 관리들은 북한으로 가기 위해 공해에 머무르던 중유선적 화물선을 돌려세워야 한다고 요구했다. 그러나 중유는 주로 미국의 KEDO 기증분에서 구매하지만 사실상 KEDO의 재산이고 그래서 선적의 변경이나 중단은 KEDO 집행이사회의 합의가 필요한 사항임을 알아야 했다. 북한의 영해에 도착하기 전에 특정 선박을 세우는 일은 가능하지 않았다. 그러나 부시 행정부는 계속해서 1994년의 기본합의문에 따라 중유 공급자인 KEDO가 북한에 압력을 행사해야 한다고 주문했다.

부시 행정부는 동맹국들과 KEDO 이사들에게 대북 중유 제공을 계속하는 것이 무의미해졌다고 설득하고자 했다. 첫 번째 조치는 2002년 11월 8~9일에 도쿄에서 열리는 한미일 3국 간 정책조정그룹(TCOG)에서 일본과 한국을 설득하는 것이었다. 적절한 우선 조치는 가능한 한 빨리 중유 공급을 중단하는 것이라고 설득했다. 미국은 11월, 중유 선적분의 중단을 재촉했다. 결국 한국과 일본은 미국의 제안에 원칙적으로 합의했다. 그러나 11월 선적분이 이미 계약이 되었고 북한에 인도 중이었기 때문에 12월 선적부터 중단하자고 제안했다. 서울과 도쿄는 정치적 안보적 주장에 대해 명확히 이해했지만 당시

KEDO의 재정적 투자가 적지 않았으며 어떤 정부도 KEDO의 행동이 더 큰 위험을 초래하기를 원하지 않았다.

이러한 심각한 입장 차이는 관련 인사들의 회고록 등에서도 확인될 수 있다. 먼저 임동원 특보는 11월 9일 TCOG 회의 협의 내용을 다음과 같이 기록하고 있다. 미국 측은 첫째 "북한의 긍정적 행동을 기대할 수 없으니 즉각 제재 조치를 취해야 한다"며 "11월분 중유 공급부터 중단할 것을 주장"했다. 11월분 중유는 싱가포르에서 선적하여 이미 이틀 전에 출항한 상태인데 이를 회항시키자는 주장이었다. 둘째 미국 측은 "명년에는 중유 공급을 위한 예산을 확보하지 않을 것이며 경수로 건설공사도 조만간 중단해야 한다"는 입장을 내비치어 제네바합의를 더 이상 존중하지 않겠다는 입장을 밝혔다. 셋째는 먼저 고농축우라늄 계획을 폐기하지 않는 한 북한과의 대화란 있을 수 없고 경제 외교적 제재가 불가피하다고 주장하며 "이런 상황에서 미국은 한국의 새로운 대북 사업 추진에 반대하며 기존 사업도 신중을 기해야 할 것"이라고 주장했다.

한미일 3국은 11월 9일, TCOG 회의 종료 후 공동발표문을 발표했다. 발표문의 요지는 다음과 같다.

첫째 한미일은 국제사회의 북한과의 관여의 중요성을 재확인한다.

둘째 한미일은 북한의 핵무기를 위한 우라늄농축 프로그램은 제네바 기본합의, 비확산조약, 북한의 IAEA 안전조치협정, 한반도 비핵화에 관한 남북 공동성명에 대한 위반임을 재확인한다. 한미일은 고농축우라늄 프로그램이 KEDO 프로젝트에 심각한 영향을 미칠 수 있다는 데 의견 일치를 했다.

셋째 한미일은 최근 APEC 정상회의에서의 한미일 공동성명을 회고하고 이 문제를 한미일, 그리고 국제사회의 관계국들과 긴밀히 협의하면서 평화적으로 해결해 나갈 것을 재확인했다.

넷째 한미일은 최근 남북 대화의 진전 상황과 일북 정상회담의 재개를 환영했다. 한미일은 이러한 대화가 양자 간 관심사항을 해결하는 중요한 채널이 될 수 있다는 점을 재확인하고 북한이 한반도의 비핵화를 위한 국제사회의 요구에 대해 빠르고 또 가시적으로 대응할 것을 요청한다. 이러한 측면에서 한미일은 북한이 고농축우라늄 프로그램을 폐기하기로 결정하면 3국은 이 프로그램을 즉각, 그리고 증명할 수 있는 방법으로 폐기하는 방법에 대해 북한과 대화할 준비가 되어있다. 한미일 3국은 계속적인 긴밀한 협의와 3국 간 조정이 각자 노력의 성공을 위해서 필수불가결하다는 점을 재천명하고 대북 정책 조정을 위한 3국 간의 차기 회의를 가까운 시일에 열기로 합의했다.

TCOG 회의 공동발표문은 표면상으로는 한미일 3국 간의 어떠한 이견도 노출시키지 않은 내용이었다. 일단 한국과 일본 측의 입장이 반영된 것이라고 할 수도 있다. 고농축우라늄 프로그램이 제네바 기본합의 등에 대한 위반이고 또 KEDO 프로젝트에 심각한 영향을 미칠 수도 있다고 규정했지만 기본적으로 대화에 의한 해결, 국제사회의 북한과의 관여를 강조한 점에서 한일의 입장이 반영된 것이었라고 할 수 있다. 특히 중유 제공 중단 문제에 대해서는 직접적인 언급이 없었다. 중유 제공 문제는 공식적으로는 KEDO 집행이사회가 결정할 사항인 점도 고려되었을 것이다.

TCOG 회의에서의 중유 공급 중단 문제와 관련한 논의는 아래와 같이 분석될 수 있다. 첫째 한국과 일본은 미북 제네바합의가 핵 개발 저지와 한반도의 평화 안정에 일정한 역할을 해왔다고 인식한 반면 미국측은 부정적 인식을 가지고 있었다는 점이다. 즉 한국과 일본은 제네바합의 중 경수로 공사와 중유 공급이 계속되고 있는 상황에서 북한도 플루토늄 핵 활동을 동결해 온 점을 평가하고 있었다. 그리고 제네바합의는 기본적으로 유지되어야 한다고 생각하고 있었다. 반면 부시 행정부는 제네바합의의 효용성을 인정하지 않았다.

둘째 한국과 일본은 중유 공급을 미북 제네바합의의 핵심적 부분의 하나로 간주해 중유 공급을 중단할 경우 북한에게 미북 제네바합의 무효화를 주장할 수 있는 구실을 주게 될 것으로 본 반면, 미국은 어차피 제네바합의의 효용성을 인정하지 않는 상황이었으므로 북한에게 제네바합의 파기 구실을 주는 문제에 대해서는 크게 개의치 않고 있었다고 할 수 있다.

셋째 중유 제공 중단은 불가피해 경수로 공사 중단과도 연결될 수밖에 없어 한국과 일본은 중유 공급 중단이 KEDO 사업 전반에 가져올 여파를 우려하고 있었던 반면, 경수로 공사 계속에 대해서 부정적 입장이었던 부시 행정부는 이 점에 대해서도 크게 개의치 않았다.

넷째 중유 제공 비용은 대부분 미국이 부담하고 있었기 때문에 한국과 일본으로서는 발언권이 약할 수밖에 없었으며 사실상 미국의 독단적 결정을 저지할 마땅한 방법이 없었다는 점이다.

전체적으로 보아 한국과 일본은 중유 제공 중단이 가져올 위험성을 간파하고 있었으며 미국 부시 행정부의 강경한 처리를 최대한 막아보려고 노력했다. 또한 당시에는 남북 회담 채널이 계속 유지되고 있었고 일본도 일북 국교 정상화 회담 관련 채널이 유지되고 있었기 때문에 한국과 일본은 이러한 채널을 최대한 활용, 북한을 설득하고 문제를 외교적 방법에 의해 해결하려는 기대를 버리지 않고 있었다고 할 수 있다.

▪ KEDO 집행이사회의 대북 중유 공급 중단 결정

한미일 3국은 앞에서 본 바와 같이 11월 9일, 동경에서 개최된 TCOG 회의를 통해 대북 중유 공급 문제와 관련해 3국 간 의견 조율을 시도했으나 상당한 의견 차이가 나타난 가운데 구체적 합의를 보지 못하고 회의를 끝냈다. 동경에서의 TCOG 회의가 이와 같이 한미일 3국 간 의견 수렴을 하지 못하고 끝나자 미국 정부 내 강경파들은 서둘러 KEDO 집행이사회를 개최해 조기에 미국의 입장대로 문제를 매듭지으려고 했다.

미국 측은 먼저 한국의 최고위층에 직접 미국 측의 입장을 전달하려고 했다. KEDO 집행이사회가 개최되기 직전 부시 대통령이 한국의 김대중 대통령에게 전화, 항해 중인 선박을 되돌려서라도 11월부터 대북 중유 공급을 중단해야 한다는 강경 방침을 전달하려고 했던 것이다. 부시 대통령의 전화 계획은 한미 외교 채널 간의 조정을 거쳐 최종 단계에서 취소되었지만 미국 측의 초강경 분위기는 충분히 전달된 셈이다. 이러한 미국 측 분위기는 집행이사회에 참석한 한국과 일본에게 큰 부담을 주었다.

KEDO 집행이사국인 한국과 미국, 일본, 그리고 EU 대표단은 각각 11월 14일, KEDO 집행이사회 개최에 맞춰 뉴욕에 도착했다. 장선섭 경수로사업지원기획단장을 수석대표로 한 한국 대표단은 11월 12일, 뉴욕에 도착했다. 당시 김대중 대통령은 한국 대표단에게 중유 공급 중단은 절대 안 된다는 지침을 내렸다. 북한이 벼랑 끝 전술로 나와 영변 핵시설에 손을 댈 것이라는 이야기였다. 이 회의에는 경수로기획단 특보로서 필자도 참석했고 후에 각각 한반도본부장을 지낸 당시 임성남 북미과장과 김건 북미과 직원도 참석했다.

먼저 한국 대표단은 뉴욕 시내에 있던 KEDO 사무국을 방문해 찰스 카트만 사무총장과 면담했다. 카트만 사무총장은 주한 미 대사관 정무참사관을 지낸 뒤 미 국무성에서 한국담당관, 동아시아태평양담당 부차관보 등을 지낸 한국통이었다. 이 자리에서 카트만 사무총장은 미국 정부 입장을 설명하면서 최악의 시나리오로 미국 정부가 11월분 중유 운반 선박을 도중에 나포할지도 모른다는 강경 분위기를 전달했다. 또한 이 경우 제네바합의가 무너지고 미국이 경수로 사업에서 손을 떼는 상황이 될 것이라고 우려를 표명했다. 경수로 건설 사업을 총괄하고 있던 KEDO 사무총장으로서 중유 공급 중단이 가져올지 모르는 KEDO 사업의 전면적 중단 사태를 걱정하고 있었던 것이다.

이어 한국 대표단은 11월 13일, 일본 대표단과 사전 의견 교환을 했는데 이 자리에서 스즈키 일본 측 수석대표는 11월분 중유 공급 중단에 대한 반대 입장을 밝혔다. 또한 제네바합의 자체에 문제가 생겨 KEDO의 장래에 급격한 변화가 오는 것을 반대한다는 입장도 밝혔다. 특히 스즈키 대표는 2003년 3~4월 이후, 이라크 상황이 종결된 이후에는 김정일에게 충분한 메시지가 되어 북한과의 관계에서도 새로운 상황이 가능할 수 있으므로 이번 KEDO 집행이사회에서 중유 문제를 포함해 너무 서둘러 제네바합의에 변화를 주는 조치는 취하지 않는 게 좋겠다는 입장을 밝혔다. 또한 스즈키 대사는 금후 있을 일북 양자회담 등을 통해서 문제를 풀어나갈 수 있는 가능성을 배제하지 않았다. 이와 같은 일본 측 입장은 기본적으로 며칠 전 있었던 TCOG 회의에서의 일본 입장과 동일한 것이었다. 미국의 강경 분위기에도 불구하고 일본은 매우 신중한 입장을 계속 견지하고 있었다.

11월 14일 오전에는 한국 대표단이 EU 대표단과 양자협의를 가졌다. 랭 EU 측 수석대표는 문제 해결을 위해 EU 집행위 사무총장을 북한에 파견하는 문제를 EU 집행이사회에서 긴급 검토할 예정이라고 말했다. EU 측도 문제의 심각성과 긴급성을 감안해 EU 나름의 조치를 검토하고 있었던 것이다. 그 대처 방안은 일단 외교적 노력을 통한 문제 해결이었다. 위와 같은 집행이사국들 간의 사전 논의를 거쳐 11월 14일 오전, KEDO 집행이사회가 공식적으로 개최되었다.

KEDO 뉴욕사무실 회의실에서 개최된 집행이사회는 먼저 언론의 취재 편의를 위한 사진 촬영을 했다. 그리고 한미일과 EU 측의 집행이사 4인과 카트만 KEDO 사무총장 등 5인이 참석한 회의가 이어졌다. 이 회의는 짧게 끝났으며 바로 공동성명 문안을 작성하는 실무회의가 개최됐다. 집행이사국별 두 명씩의 실무대표가 참석했다.

공동성명 문안 작성과정에서 미국 측 입장은 미국 측 집행위원이었던 프리처드 대사를 통해 전달되었는데 특히 백악관으로부터 강경 입장이 회의실로 계속 전달되었다. 미국의 입장이 워낙 강경했기 때문에 중유 공급 중단은 기정사실로 된 가운데 어느 시점부터 중단하느냐가 논의의 초점이 되었다.

한국과 일본으로서는 이미 출항한 배를 되돌린다는 것은 매우 감정적인 처사로서 문제를 급격히 악화시킬 소지가 있다고 판단해서 최소한 11월분 중유 공급은 예정대로 한다는 선에서 협상에 임할 수밖에 없었다. 미국은 11월분 중유 공급은 허용한다는 선에서 양보하는 모양새를 갖추면서 12월분부터 중유 공급을 중단한다는 결정을 만들어 냈다.

한국과 일본 대표단의 관심이 반영된 것은 남북한, 일북, 그리고 EU-북한 간 대화 채널의 유용성을 강조한 문안이었다. 한국과 일본, EU 측은 당시 북한과 가지고 있던 양자 대화 채널을 이용해 북한을 최대한 설득해 보겠다는 외교적 해결 의지를 표시했다. KEDO의 대북 중유 공급 중단이라는 강수에도 불구하고 북한에 대화에 의한 해결의 메시지를 전달코자 했던 것이라 할 수 있다.

마지막으로 경수로 공사 중단의 함의를 가질 수 있는 내용을 포함시키는 문제와 관련 실무대표들 간의 오랜 협의가 계속되었으나 결국 미국 대표단이 제시한 강경한 표현을 약간 완화한 선에서 문안에 포함시키기로 합의가 되었다.

미국은 '모든 KEDO 활동'이라는 표현을 쓸 것을 주장했고 '북한의 심각한 제네바합의 위반'이라는 문구도 넣기를 주장했으나 KEDO 활동에 대한 재검토'라는 완화된 표현으로 합의가 되었다. 공동성명 문안 작성과 관련해서 프리처드 KEDO 미국 대표는 아래와 같이 회고했다.

2002년 11월 14일, KEDO 집행이사회는 뉴욕에서 만나 12월 선적분부터 대북 중유 공급을 중단하는 문제를 논의했고 결국 제안대로 하기로 합의했다. 비록 TCOG가 정치적 합의를 한 바 있지만 나를 제외하고 도쿄 회의에 참석하지 않은 이사들 때문에 꼬박 하루가 걸려서야 최종 합의에 도달할 수 있었다. 문안을 작성하는 과정에서 앞서 언급했던 NSC 비확산 담당자였던 존 루드가 계속해서 참견을 했기 때문에 어려움이 있었다. 그는 더 강경한 문구를 사용하기를 원했다. 내가 대표하고 있는 국무부로부터는 별다른 조정안이 오지 않았기 때문에 나는 결국 비확산부서의 전화를 더 이상 받지 않기로 하고 대신 지역 담당국인 NSC의 아시아국으로 하여금 요구되는 문안을 최종 조율해 줄 것을 요청했다. NSC의 전화 외에도 나는 이사회의 심의 결과를 묻는 유엔 북한대표부의 전화를 받았다.

최종적으로 KEDO 집행이사회는 그날 저녁 7시가 넘어서야 북한의 핵무기 프로그램 추진을 비난하고 북한의 핵무기 입수를 막기 위해 모든 관련 당사국의 대응을 촉구하는 성명서를 발표했다. 이사회는 또한 핵무기 프로그램을 가시적이고 검증할 수 있는 방법으로 폐기할 것을 북한에 요구했다.

위와 같은 협의를 거쳐 KEDO 집행이사회 명의의 공동성명이 발표되었다. 이 성명의 주요 내용은 다음과 같다. KEDO 집행이사회 성명은 전문에서 '북한이 핵무기 개발을 위한 고농축우라늄 프로그램을 추구하고 있다는 것을 인정(Acknowledge)'한 것으로 전제했다. 이어 북한의 핵무기 프로그램 추구는 제네바합의, 핵확산금지조약, 북한 IAEA

간 안전조치협정 및 한반도 비핵화공동선언상의 의무 이행에 대한 명백하고 심각한 위반이라고 규정하고 이를 '규탄'한다고 선언했다. 또한 '이 프로그램은 NPT에 기초한 국제적 비확산체제를 훼손하는 것'이라고 규정하고 '북한은 가시적이고 검증 가능한 방법으로 핵무기 프로그램을 즉각 제거해야 한다'고 선언했다.

이와 함께 '남북, 일북 및 EU-북한 간 대화는 양자 간, 그리고 국제적 우려사항을 해결하는 중요한 대화 통로'라고 언급하면서 '북한이 핵무기 프로그램을 포기하겠다는 약속을 가시적으로, 그리고 신속하게 준수할 것을 촉구'했다. '중유 공급은 12월분부터 중단될 예정'이며 '이후 공급 재개 여부는 북한이 고농축우라늄 프로그램을 완전 폐기하기 위해 구체적이고 신뢰할 만한 조치를 취하느냐에 달려있고 북한과의 다른 KEDO 활동(Other KEDO activities)도 재검토될 것'임을 밝혔다.

전반적으로 발표된 공동성명은 미국의 입장을 반영한 강경한 내용의 것이었다.

첫째는 '북한이 고농축우라늄 프로그램 추구를 인정'한 것으로 전제한 점이다. 이 점은 북한의 강석주 발언 이후 외무성 성명을 통해 강석주 발언을 애매하게 해석하고 나온 점과는 다른 것이라고 할 수 있다.

둘째는 북한의 고농축우라늄 프로그램을 제네바합의 등에 대한 명백한 위반으로 규정한 점이다. 따라서 북한이 먼저 제네바합의를 위반했다고 해석한 점이다.

셋째는 북한이 핵 개발 프로그램을 진행시키고 있다는 전제하에 즉각 핵 프로그램을 폐기할 것을 요구한 점이다.

마지막으로 12월분부터 중유 공급 중단을 밝히고 여타 KEDO 활동도 재검토될 예정임을 밝힌 것이다.

비록 한국과 일본의 입장을 반영해 11월분 중유는 예정대로 제공키로 했지만 한 달 뒤인 12월분부터는 중유 제공이 중단될 것임이 명백해졌고 또 경수로 건설을 의미할 수 있는 '여타 KEDO 활동 재검토'도 강경한 의미를 지닌 것이라고 할 수밖에 없었다. '여타 KEDO 활동 재검토'의 의미는 북한의 태도 변화가 없다면 대북 제재 조치가 중유에서 경수로 사업 중단으로 옮아갈 수도 있음을 시사한 것이라고 할 수 있기 때문이다.

이러한 강경 기조는 그간의 부시 정부의 입장을 반영한 것이었다. 더군다나 부시 정부는 2002년 11월 5일, 공화당의 상하원선거 압승으로 매우 고무된 분위기였다. 9.11 테러 이후 미국민들의 애국주의적 성향이 선거에도 그대로 반영된 것이다. 후나바시 요이치 아사히신문 대기자는 당시 미 행정부 내의 분위기를 이렇게 기록했다. "중유 공급 중지를 결정했지만 그다음 게임을 어떻게 만들어 갈지에 대해서는 아무도 생각하지 않고 있었다. 이 문제를 제기하려고 하면 '그런 일은 아무래도 상관없다. 자네는 북한에 너무 유연한 것 아니냐?'며 비판받기 일쑤였다. 실제로 비확산파는 관여파를 그렇게 비판했다."

그러나 한국 정부로서는 KEDO 성명 발표 후에도 북한에 외교적 노력의 메시지를 전달하려는 노력을 계속했다. 공동성명 발표 후 한국 측 대표인 장선섭 경수로기획단장의 기자회견을 살펴보면 그러한 노력이 엿보인다. 다음은 장선섭 단장의 기자회견 일문일답이다.

- 이번 집행이사회 결정의 의미는?

11월분 중유가 정상 공급됨으로써 북한은 시간적 여유를 갖게 됐다. 12월 이후 중유 지원 중단 가능성을 부각시키려는 게 아니라 중유공급을 북한 핵 프로그램 폐기와 연계해 긍정적인 조치를 유도한다는 데 이번 결정의 참뜻이 있다.

- 앞으로의 일정은?

기본적으로 북한의 태도에 따라 KEDO 사업의 진로가 결정된다. 북한은 12월분 중유가 공급되는 시점인 12월 10일경까지는 분명한 태도 표명이 있어야 할 것이다.

- '검증 가능한 방법'에는 사찰도 포함되나?

당연히 포함된다고 봐야 한다. 긍정적인 반응을 보인다면 내일이라도 KEDO 사업은 정상화될 수 있다.

- 북미 제네바합의는 무효화된 것인가?

무효화나 중단이라는 표현은 쓰지 않고 있다. 12월 전반기의 집행이사회 때 북한의 대응을 평가해 경수로 지원 등 다른 KEDO 사업에 대해 재검토를 할 것이다.

- 북한이 성의를 보이면 미국이 12월 이후 중유를 제공할 의지가 있나?

대북 중유 지원은 사실상 미국의 재원으로 추진되어 왔다. 미국이 판단할 때 북한이 '가시적이고 검증 가능한' 방법으로 핵 개발 폐기에 나설 경우 중유 공급을 재개하는 것은 문제가 아니다.

- 미국의 방침 대로 결정된 것 아닌가?

11월분 중유는 예정대로 지원된다. 중유 제공을 유인책으로 활용해 북한 핵 문제를 평화적으로 해결하자는 것이 이번 결정의 요지이며 이에 대해 만족한다.

장선섭 단장의 기자회견은 11월 중유 제공 사실을 강조하고 12월 중유 제공 시점까지 한 달여의 시간적 여유가 있으므로 북한이 이때까지 타협적 태도로 나와주기를 바라는, 말하자면 아직도 협상에 의한 해결의 문이 열려있음을 강조하는 내용이었다.

실제로 한국과 일본은 KEDO 집행이사회 성명 발표 후 전반적인 상황이 바로 파국으로 가지는 않으리라고 보는 기대감이 있었다. 당시 한국과 일본의 일부 언론 보도도 이러한 희망적 기대를 보여주고 있었다. 이러한 기대의 배경에는 아래와 같은 몇 가지 상황이 있었다.

첫째는 미국 부시 행정부의 자신감과 관련된 것이다. 부시 행정부는 9.11 테러라는 엄청난 시련을 겪었지만 이는 오히려 미국민들을 단결시키는 효과가 있었고 이를 배경으로 이라크 공격을 준비 중에 있었다. 이러한 단결된 초강대국 미국의 조치에 대해 북한이 감히 대들고 나서지 못할 것이라는 자신감이나 오만 같은 것이 있었다.

둘째는 미국 주도로 그동안 북한에 공급되어 온 중유가 실제로 북한의 발전에 상당한 역할을 하고 있었기 때문에 북한도 쉽게 이를 포기하지 않을 것이라는 판단이었다. 당시 한국 통일부 정보분석국은 대북 중유 제공이 중단될 경우 북한의 전력 생산의 약 10%가 손실될 것으로 분석했다. 특히 대북 중유 지원에 전적으로 의지해 온 함경북도 선봉 화력발전소(20만 킬로와트)의 경우 가동이 중단되는 사태를 맞을 수 있으며 또 지원 중유를 직접 원료로 쓰거나 주연료인 석탄의 착화에 이용해 온 북창, 평양, 동평양, 청진, 순천, 영변 등의 화력발전소도 큰 영향을 받을 것이라는 분석이었다.

셋째는 그동안 북한이 남한과는 정상회담을 통해 6.15 선언을 끌어냈고 일본과도 정상회담을 통해 국교 정상화와 대북 보상 문제를 협의하고 있던 상황에서 대외 관계를 파국으로 이끌 수 있는 강력한 조치를 바로 취하지는 못할 것이란 기대 섞인 희망이었다. 그러나 북한이 밀폐된 폐연료봉을 꺼내 플루토늄을 다시 추출하는 등 벼랑 끝 전술로 나올 수도 있을 것이란 우려도 물론 있었다.

2002년 11월 15일, 부시 대통령은 KEDO 집행이사회 성명에 대한 환영성명을 발표했다. 부시 대통령은 "KEDO 결정을 환영한다"고 밝히고 북한의 불가침조약 체결 주장을 의식한 듯 "북한을 침공할 의사가 없다"고 밝혔다. 또한 "미국은 북한과 다른 미래를 갖기를 희망하며… 북한 주민들과 우호를 추구한다"고 말했다. 이와 함께 "미국은 2001년 6월, 북한과 포괄적인 대화를 추구하겠다고 제의한 바 있고 북한이 먼저 조치를 취한다면 대담한 접근을 취할 용의가 있다고 말했지만 북한의 은밀한 핵무기 계획이 드러난 지금은 이러한 접근도 추구할 수 없게 되었다"고 밝혔다. 이와 함께 "미국은 이 상황의 평화적 해결을 바라고 있으며 단 한 가지 방안은 북한이 핵무기 프로그램을 완전하고 가시적인 방법으로 제거하는 것"이라고 밝혔다. 부시 대통령의 성명은 한편으론 북한 핵무기 프로그램에 대한 강력한 미국의 입장을 밝히면서도 다른 한편으론 유화적 측면도 나타낸 것이었다고 할 수 있다.

부시 대통령의 성명과 관련해서 프리처드 대사는 회고록에서 다음과 같이 설명했다. NSC 비확산 담당 부서가 북한에 강경한 메시지를 담으려고 노력한 것에 비해 대통령 자신의 성명은 희망과 약속을 담은 것이었다. 이 성명에서 대통령은 미국은 북한 인민들과 친선을 바란다고 선언했다. 백악관은 KEDO로 하여금 단호한 성명과 행동을 취하도록 했지만 그럼에도 불구하고 북한 인민들을 배려하는 것처럼 보이도록 했다.

3 : 북한의 벼랑 끝 전술

- **영변 핵시설 재개 및 핵확산금지조약(NPT) 탈퇴**

2002년 11월 14일에 발표된 KEDO 성명에 대해 침묵을 지키고 있던 북한은 열흘 뒤인 11월 25일, 노동신문 논평 형식을 통해 강력히 반발하고 나왔다. 중유 공급 중단에 대한 북한 당국의 첫 공식 반응이었다.

"조미 기본 합의문의 체약 당사자는 KEDO가 아니라 우리와 미국이다. KEDO는 미국이 주도하고 있다. 사실들은 미국 정부가 먼저 우리에 대한 중유 제공 중단을 결정하고 KEDO의 이름을 빌려 그것을 발표하였다는 것을 보여준다. 미국은 저들의 일방주의적 책동을 그 무슨 집체적 의사의 보자기로 감싸보려 하지만 그것은 절대로 통할 수 없다."

이어 2002년 12월 12일, 북한은 외무성 대변인 담화를 통해 1994년 미북 제네바합의에 의해 이루어진 핵 동결을 해제하고 핵시설의 가동과 건설을 즉시 재개한다고 선언했다. 이 담화는 북한에 대한 중유 제공이 북한이 가동 및 건설 중이던 원자력발전소들을 동결한 데 따르는 전력 손실을 보상하기 위해 미국이 지닌 의무사항이었다고 말하고 미국이 중유 제공을 중단함으로써 미북 기본합의문이 사실상 파기 상태에 이르렀다고 주장했다. 또한 켈리 특사 방북 때 북한이 핵 개발을 시인했다고 미국 측이 주장하는 것은 '자의적인 표현'이라고 반박했다. 이 담화는 중유 공급 중단으로 북한의 전력 생산에 당장 공백이 생겼다고 말하고 핵시설 가동과 건설을 즉시 재개하겠다고 밝혔다.

이와 함께 주유엔 북한대표부의 박길연 대사는 12월 12일, KEDO의 중유 공급 중단과 관련한 북한의 결정을 미국에 알리는 편지를 프리처드 대사에게 보내왔다. 박길연 대사는 편지에서 "미국은 조직적으로 조미 기본합의를 위반한 이후, 일방적으로 중유 공급 의무를 포기함으로써 기본합의를 완전히 깨버렸다. 우리는 이미 이 책임이 누구에게 있는지를 분명히 한 바 있다. 조선민주주의인민공화국 정부는 기본합의에서 매년 50만 톤의 중유 제공 약속에 따른 우리 핵시설의 동결을 완전히 해제하는 조치를 취하고 발전을 위해 필요한 시설의 가동을 우선적으로 정상화하기로 결정했다"고 썼다.

북한은 12월 12일, 외무성 대변인 성명 발표 후 바로 행동에 나서 12월 21일부터 영변 핵시설에 대한 동결을 해제하는 조치를 취했다. 즉 5개 동결 대상 중 5메가와트 원자로, 사용 후 연료봉, 핵연료제조공장, 방사화학실험실(재처리공장) 등 4개 시설의 봉인 제거와 카메라 작동 정지 조치를 시작했다. 동시에 5메가와트 원자로에 장전할 미사용 연료봉을 옮기는 작업도 진행했다. 건설 중지 상태에 있었던 50메가와트 및 200메가와트 원자로에는 봉인 및 감시카메라가 설치되어 있지 않았기 때문에 실질적으로는 모든 동결시설에 대한 IAEA의 감시

체제가 붕괴되었다. 12월 26일에는 IAEA 사찰관 3명의 추방 조치를 통보하고 12월 31일에는 사찰관들이 추방되었다.

이에 대해 2003년 1월 6일, IAEA 특별이사회는 북한의 핵시설 감시 체제 복원을 촉구하는 대북 결의를 채택했다. 그러자 북한은 1월 10일, 핵확산금지조약(NPT)의 탈퇴를 선언하고 이에 따라 국제원자력기구의 핵안전협정 의무에서도 벗어난다고 선언했다. 북한은 정부 성명 형태의 발표문에서 IAEA가 미국의 하수인 역할을 하고 있다고 비난하면서 NPT 탈퇴는 미국의 대북한 압살 책동과 미국을 추종하는 IAEA의 부당한 처사에 대한 자위적 조치라고 주장했다. 다만 이 성명은 북한이 NPT에서 탈퇴하지만 핵무기를 만들 의사는 없으며 현 단계에서의 북한의 핵 활동은 오직 전력 생산을 비롯한 평화적 목적에 국한될 것이라고 주장하고 미국이 대북 적대시 압살 정책을 그만두고 핵 위협을 걷어치운다면 핵무기를 만들지 않는다는 것을 미북 사이에 별도의 검증을 통해 증명해 보일 수 있다고 주장했다.

북한의 NPT 탈퇴 선언은 이른바 벼랑 끝 전술 구사의 절정이었다고 할 수 있다. 북한은 핵 활동이 현 단계로서는 평화적 목적에 국한될 것이라고 주장했지만 사실상 핵 개발 의사를 공개적으로 표명하고 나온 것이나 마찬가지였다. 북한이 정부 성명에서 "조선반도 핵 문제를 평화적으로 공정하게 해결할 수 있는 마지막 가능성마저 끝끝내 사라지게 되었다"는 표현은 더욱 불길한 것이었다.

- **허를 찔린 미국,
  별다른 대응책이 없었다**

　막상 북한이 벼랑 끝 전술로 나오자 부시 행정부는 별다른 대응 조치를 취하지 못했다. 우선 KEDO의 중유 공급 중단 발표에 대해 북한이 그렇게 신속하게 벼랑 끝 전술로 나올 줄은 전혀 예측하지 못하고 있었다. 북한은 11월분 중유 공급이 11월 18일 완료된 뒤 불과 한 달여 만인 12월 21일, 영변 핵시설에 대한 동결 해제 조치를 취하기 시작했고 열흘 뒤에는 IAEA 사찰관들을 추방했으며 다시 열흘 뒤에는 핵확산금지조약 탈퇴까지 선언했다. 미국이나 한국, 일본 등이 어떻게 손을 써볼 겨를도 없이 전광석화와 같이 미북 합의 무효화와 핵 개발 공개 천명 조치에 들어간 것이다.

　북한에 대해 누구보다 강경하게 나왔던 부시 행정부와 네오콘들은 막상 북한이 벼랑 끝 전술을 구사하며 강력히 대응하고 나오자 별다른 대책 없이 지켜만 보고 있었다. 미국이 판단착오를 한 배경은 첫째 북한이 감히 선제공격 불사를 주장하고 있던 네오콘의 미국에 쉽게 도발해 오리라고 생각지 못했던 점이 있었다. 미국이 아프간전쟁을 성공적으로 완수하고 다시 북한과 함께 '악의 축'으로 지목된 이라크 공격을 준비하고 있던 상황이었음을 감안할 때 북한이 바로 벼랑 끝 전술과 같은 도발을 해오리라고는 상상하지 못했을 수도 있다.

　이와 관련 프리처드 대사는 2011년 11월 7일, 필자(당시 한중일협력사무국 TCS 사무총장)와의 대화 시 당시 미국 정부는 북한이 중유 공급 중단에 대해 도발적으로 나올 가능성을 배제하지는 않았지만 당시의 여러 정황으로 보아 최소한 7, 8개월 정도 시간적 간격을 두고 대응할 것으로 생각했으며 그렇게 신속하게 제네바합의의 파기 조치를 해올 줄은 몰랐다고 언급했다.

둘째 당시 미국 행정부는 이라크전쟁 준비에 몰입해 있는 상황이었으며 북한에 대해 외교적 노력 이외의 군사적 방안 등 강력한 대응을 할 준비가 되어있지 않았다.

북한은 이미 부시 행정부가 제네바합의를 계속 유지해 나갈 생각이 없다는 것을 간파하고 있었으며 이러한 상황에서는 북이 가질 수 있는 유일하고 강력한 카드인 핵 개발 프로젝트를 다시 시작하는 것이 최선이라고 판단했을 것이다. 이러한 상황에서 북한은 미국이 조성한 적절한 기회를 놓치지 않고 선제공격을 가한 것이다.

확실히 북한은 미국의 허를 찌르고 있었다. 과거 클린턴 행정부는 1993년, 북한이 사용 후 연료를 재처리해서 플루토늄을 추출할 가능성이 높아지자 1994년 6월, 북한에 대한 군사적 공격 시나리오까지 검토했고 한국의 김영삼 정부가 이를 강력히 반대하는 상황이 벌어졌다. 아이러니하게도 클린턴 정부보다 북핵 문제에 훨씬 강경했던 부시 행정부는 막상 북한이 강경하게 나오자 별다른 대책이 없었다.

라이스 국가안보보좌관은 미국 부시 정부의 외교 정책 핵심인사들이 2002년 11월 13일, 국가안보회의를 열고 KEDO의 대북 중유 공급 중단 결정에 즈음한 미국의 대북 정책 방향을 협의했다고 회고했다. 당시 검토된 세 가지 안은 첫째 백악관의 마이클 그린 국장이 작성한 것으로 북핵 문제를 국제화해서 미국 이외의 다른 국가들도 문제 해결에 참여시키는 방안, 둘째 부통령실의 라비치(Ravich) 보좌관이 작성한 것으로 북한 체제 붕괴 목표를 명확히 밝히고 이에 따른 조치들을 준비하는 방안 그리고 셋째 국가안보회의 밥 조셉(Bob Joseph)이 작성한 것으로 끊임없는 대북 압박을 통해 북한의 태도를 바꾸게 하는 특별 주문형 봉쇄 정책(Tailored Containment)이었다고 한다. 이 중에서 세 번째 안을 라이스 자신의 주장으로 부시 대통령이 채택했다고 했다. 그러나 이 세 가지 안 모두 북한이 핵 동결을 해제하고 사생결단으로 나오는 데는 유용한 대책일 수 없었다.

한편 이러한 상황에서 한국의 김대중 정부는 2003년 1월 27일, 임동원 대통령특사를 평양에 파견해 김대중 대통령의 친서를 전달하고 중유 공급 중단 이후 벌어진 제반 상황들의 해결을 위한 마지막 시도를 한다. 김대중 대통령의 친서는 북한이 고농축우라늄 계획 의혹을 해명하고 검증 수용 의사를 밝히는 결단을 내리면 이 경우 미국이 북한의 안보 우려를 해소하는 조치를 취하고 미북 대화를 개시하며 남북한은 경의선 철도 연결 등 화해 협력 정책을 계속 발전시켜 나간다는 등의 내용이었다.

이와 함께 임동원 특사는 미국 측 요청에 따라 "북한이 먼저 고농축우라늄 계획 포기 용의를 밝히면 미국이 대화에 임할 것"이라는 메시지도 전했다. 즉 즉각 고농축 핵 프로젝트 포기 선행 요구에서 포기 용의를 밝히면 대화에 응하겠다는 것이었다. 그리고 "미국으로서는 미북 대화가 다자 틀 속에서 이루어지기를 선호한다"는 메시지도 전했다. 임동원 특사는 "평양 선언에 기초하여 수교 협상을 계속하려는 의사에 변함이 없다"는 일본 측 메시지도 전했다.

당시 김대중 정부는 임기를 불과 몇 개월 남겨두고 있는 상황이었고 힘이 없었다. 부시 정부도 임기가 끝나고 있던 김대중 정부의 햇볕

론자들과의 협의보다 한국의 새 정부와의 협의를 선호했다. 임기를 얼마 남겨두지 않은 상황에서의 김대중 대통령의 이러한 마지막 시도는 결국 별다른 성과를 거두지 못했다.

북한이 불과 한두 달 사이에 제네바합의의 핵심들을 파기하고 나오는 상황에서 당황한 미국이 처음으로 시도했던 것은 다시 외교적 접근이었다. 2003년 1월 중순경 미국은 뉴욕에서의 프리처드-박길연 대사 채널을 통해 미 국무성의 온건파들이 대북 정책을 주도하게 되었다고 알리고 외교적 방책을 모색하게 된다.

1월 15일, 프리처드 대사는 박길연에게 전화 "파월 장관이 대북 정책의 책임을 맡았다. 따라서 정책과 관련하여 평양은 오직 부시 대통령과 국무장관만의 말을 들어야 한다"는 메시지를 전했다. 이후 미국은 북핵 해결책으로 다자적 접근 방안을 채택했다. 대북 강경 입장에도 불구하고 마땅한 대응책을 내놓지 못하고 있던 워싱턴의 네오콘들이 북핵 문제를 국제화시켜 다자 차원에서 북한을 압박해야 한다는 입장을 정한 것이다. 즉 동북아 상황 관리에 중국을 끌어들이는 아웃소싱 외교를 시도했고 중국은 동북아 정책의 주도권을 확보하는 차원에서 이러한 부시 행정부의 정책에 공조했다.

이에 따라 중국을 끌어들인 다자회담 제안들이 있었다. 북한은 한동안 미북 직접 대화 주장을 고수했으나 중국 등의 설득을 받아들여 결국 중국을 포함한 다자회담에 동의, 2003년 4월 23~25일까지 북경에서 북미중 3자회담이 개최되었다. 그러나 중국이 참여한 3자회담도 별다른 성과가 없었다.

이후 한반도 주변의 러시아까지 포함된 6자회담이 구상되었으며 북한도 2003년 5월 25일, 북핵 문제 해결을 위한 6자회담 수용을 천명했다. 그리고 2003년 8월 27~29일 북경에서 제1차 6자회담이 개최되었고 이후 여섯 차례의 회담이 개최되어 2005년 9.19 공동선언까지 갔다. 그렇지만 북한이 2006년 10월 9일, 1차 핵실험을 단행하고 2009년 5월 25일에는 2차 핵실험을 단행함으로써 사실상 6자회담을 통한 핵 개발 저지 노력은 실패로 돌아갔다. 결국 미국이 북핵 해결을 위해 시도했던 다자적 접근도 실패하고, 6자회담은 북한에게 핵실험의 시간만 준 결과가 되었다.

4 : 경수로 원전 사업과 KEDO의 허망한 종료

- "민족 문제는
  민족이 주도해야 한다"

1994년, 제네바합의에서 북한에 경수로 원전을 제공하기로 한 것은 앞에서 본 바와 같다. 문제는 막대한 건설 비용을 누가 부담하느냐 하는 것이었다. 당초 한국의 김영삼 정부는 미북 간 협상 과정에 배제된 것에 대해 강한 반발을 보이면서 경수로 원전 건설 비용 분담에 대해서도 소극적 입장이었다. 그러나 그 후 입장을 선회하여 건설 비용 대부분을 한국이 부담하기로 결정했다.

당시 김영삼 정부가 내세운 명분은 다음과 같은 것들이었다. 첫째 북핵 문제는 외세가 아닌 우리 민족끼리 해결해야 한다는 것이었다. 경수로 건설과 핵 동결 과정에 한국이 주도적으로 참여해야 한다는 것이었다. 둘째는 핵확산 방지와 한반도 안보를 위한 전략적 판단이었다. 즉 경수로 건설이 북한 핵 개발을 막고 군사적 긴장을 완화할 수 있다고 하면 비용을 감당할 만한 가치가 있다는 입장이었다. 셋째 한국의 한반도 문제의 당사자로서의 지위를 고려한 것이었다.

북한에 제공할 원전이 한국표준형으로 결정된 배경에 대해 경수로 사업지원기획단이 2007년 발간한 KEDO경수로사업지원백서(White Paper on LWR Project)는 다음과 같이 기록하고 있다.

> 제네바 기본합의에서 경수로 제공을 위한 공급 협정을 6개월 내에 체결하기로 한 약속에 따라 북미 간 전문가회의가 1994년 11월 개최됐다. 회의에서는 경수로 노형 선전과 제공에 있어서 중심 역할(주계약자) 문제가 핵심 쟁점이 되었다.
> 미국은 정치적, 재정적, 기술적으로 한국의 중심 역할 이외에 다른 대안이 없다는 입장이었으나 북한은 이를 거부하면서 한국표준형 경수로에 대해 북한 사회를 무너뜨리기 위한 '트로이 목마'라고 비난하였다. 제네바 기본합의 후 6개월 시점인 1995년 4월까지 협상이 난항을 거듭하자 북한은 협상 결렬을 일방적으로 선언하고 핵 동결 해제를 위협하기도 했다.
> 그러나 1995년 5월 말레이시아 쿠알라룸푸르에서 재개된 북미 회담에서 양측은 한국형 경수로를 수용하는 등 주요 쟁점들을 타결하는 데 성공했다. 언론 발표문 형식으로 발표된 쿠알라룸푸르 합의(1995년 6월 13일)에서 양측은 경수로 사업은 KEDO가 담당하며 미국이 북한과의 주접촉선 역할을 수행하고 1,000메가와트 발전 용량의 가압경수로 2기 노형 선정을 KEDO가 담당하기로 합의했다. 이것은 한국의 주계약자가 건설하는 한국표준형 경수로 제공을 북한이 인정한 것이었다.
> 공동 발표에 앞서 클린턴 미국 대통령은 한국 정부에 친서를 보내 북한에 제공될 경수로는 울진 3, 4호기를 참조한 한국표준형으로서 한

국 기업이 주계약자로 설계, 제작, 시공 및 사업 관리 등 경수로 사업 전체를 책임질 것이라고 확인하였다.

KEDO는 쿠알라룸푸르 합의 이후 1995년 7월, 뉴욕에 본부 사무실을 열고 스티븐 보스워스(Stephen Bosworth) 사무총장과 한국과 일본에서 파견된 두 사무차장이 공식적인 업무를 시작했다. 이후 KEDO는 경수로 사업의 재정과 공급을 담당하는 국제기구로서 북한과 경수로 협상과 부지 조사 활동을 벌였고 한전과 경수로 상업계약 체결 교섭 등 경수로 사업을 본격적으로 추진했다.

▪ 공사 속도 조절 및 일시 중단

북한이 경수로 원전에 대해 어느 정도 진정성이 있었는가 하는 것은 아직도 논쟁이 되고 있는 이슈다. 북한의 경수로 원전에 대한 오랜 관심과 극심한 전력난 등을 생각할 때 북한의 경수로 원전에 대한 집착은 진정성이 있었다는 분석도 있고 북한의 핵 개발 집착을 생각할 때 단지 시간 벌기에 이용되었다는 분석도 있다.

북한의 진정성 여하를 떠나 공급자인 KEDO 측이 막상 원전을 지으려고 했을 때 북한에는 이러한 첨단 공사를 시행할 제반 인프라(제도상 그리고 원전에 고유한 여러 인프라 환경)가 거의 갖춰져 있지 않아 본공사가 시작되기까지 많은 시간이 걸렸다. KEDO와 발주처인 한전이 미처 예상치 못한 것도 많았다. 경수로 설계에 필요한 북한의 각종 경제, 환경, 전력 관련 통계수치도 제공받기가 쉽지 않았다. 북한 체제 하에서는 웬만한 통계도 비밀로 취급되었다.

또한 경수로 공급의 전제조건으로 원전 사고 시에 대비한 보상과 보험 체계가 사전에 구축되어야 하는데 북측의 이에 대한 이해도가 낮아 때론 KEDO 측 전문가들이 북한에게 설명해 가면서 협정을 준비해야 했다. 북한의 낮은 국가 신용도로 핵사고 보상 체제 구축에 필요한 국제보험을 살 형편도 못되었다. 막상 시작하고 보니 이런 실무적 난제들이 겹겹이었다.

거기다가 제네바합의가 흔들리자 핵심 내용 중의 하나였던 경수로 원전 건설도 영향을 받지 않을 수 없었다. 한국 정부는 미일의 대북 정책에 압박을 받으면서도 한반도의 평화와 안전, 비핵화의 실현, 남북관계의 활성화 등 중장기적인 안목에서 어떤 형태로든 사업을 계속하기를 희망하였으며 마지막 단계에 와서도 최소한 사업의 종료만은 막아야 한다는 인식하에 모든 노력을 다하였으나 결국 우리 정부의 노력은 무위로 끝나고 말았다.

2003년 2월 3일, KEDO 집행이사회는 북핵 문제로 인해 여러 가지 문제들이 발생하고 있는 상황을 감안하여 경수로 원전 공사를 당분간 속도를 늦추어 진행하기로 결정했다. 이에 따라 전체 공정에 영향을 미치지 않는 범위 내에서 2호기 경수로 원자로 건물의 기초 콘크리트 타설과 발전소 지역 내 부대건물 건설 연기 등 불요불급한 공사를 축소시켜 순연시켰다. 또한 원자로 격납용기 철판, 철근 등 보조기자재 발주계약 연기 등의 조치를 취했다.

이와 함께 2003년 4월, 북경에서 개최된 미국, 중국, 북한 간 3자회담과 2003년 8월에 개최된 6자회담이 별다른 성과 없이 끝나자 미국, 일본 등 집행이사국 간에는 경수로 사업의 장래 문제에 대한 검토가 필요하다는 공감대가 형성되었다.

특히 KEDO-북한 간의 원자력 손해배상 의정서 협상의 중단으로 야기된 법적 기술적 문제로, 당면한 다음 공정 추진이 예정대로 진행될 수 없었다. 2003년 9월로 예정되었던 최초 원자력 손해배상 관련 부품인 원자로 배수 탱크가 원자력 손해배상 의정서의 미체결로 건설 현장 반입이 이루어질 수 없었다.

이러한 상황에서 KEDO 집행이사국들은 속도 조절하에서의 사업 지속, 사업의 일시 중단, 또는 사업의 완전 중단 등의 3가지 대안을 검토했다. 결국 2003년 11월 21일, KEDO 집행이사회는 2003년 12월 1일부터 1년간 사업을 일시 중단하기로 결정했다. 이에 따라 설계, 건설, 제작 분야에서의 일체의 공정은 원칙적으로 중단되었다. 2003년 11월 말까지 경수로 사업은 1, 2호기 시공 21.6%, 종합설계 62.3%, 각종 기자재 제작 구매 43.2% 등을 포함하여 종합공정률 약 34.5%의 진척도를 보였다. 그때까지 투입된 경수로 건설비는 약 14.1억 달러였으며 한국이 10.2억 달러, 일본이 3.7억 달러, EU가 0.2억 달러를 분담하였다.

- **사업 종료 및 청산**

공사 중단 발효로 부지현장의 인력도 단계적으로 철수해서 우즈벡 인력이 2003년 12월 중순 전원 철수하였다. 2003년 12월 말 당시 부지현장에는 KEDO와 남한 인력 250여 명, 북한 인력 100여 명이 근무하였다. 2004년 2월에는 북한 인력 100명이 전원 철수하고 남한 인력도 단계적으로 철수해서 2005년 11월에는 KEDO 금호사무소 직원 6명을 포함해 120명의 인원이 체류하면서 각종 기자재 보존 관리 활동을 수행했다.

북한은 KEDO 측의 사업 중단 결정에 반발하여 2003년 10월 20일부터 금호 현장의 모든 장비 물자 및 자료에 대한 방출을 전면 금지하는 조치를 취했다. 2004년 11월 26일, KEDO 집행이사회는 경수로 사업 중단 조치를 1년 연장하기로 결정했다.

경수로 현장 인력의 최종 철수는 2006년 1월 8일, 잔여 인력 57명이 한겨레호를 이용하여 최종 철수함으로써 완료되었다. 당시 건설현장에 남아있던 KEDO 자산은 중장비 트럭 93대, 차량 190대, 설비 및 비품 등 약 450억 원 상당이었다.

KEDO는 2006년 5월 31일, 집행이사회를 열어 경수로 사업을 공식 종료하기로 결정했다. 이로써 지난 10여 년간 최초의 국제적 다자 협력 사업으로 추진되어 왔던 KEDO의 대북 경수로 원전 사업은 결국 미완의 상태에서 법적, 계약적으로 완전 종결되었다.

사업 청산과 함께 관련 조직의 해체도 이루어졌다. KEDO와 KEDO 사무국, 그리고 정부의 지원조직인 경수로기획단의 해체가 그것이다. KEDO 사무국은 2007년 5월 말 사실상 해체되었고, 경수로기획단도 이어 해체되었다. 이와 같이 대북 경수로 원전 사업은 11년 만에 완전 종료되었다. 허무한 결말이었다.

- **경수로 원전 사업의 성과와 의의**

KEDO의 경수로 원전 사업은 1994년 11월, 통일관계 장관회의에서 규정했듯이 '민족발전 공동계획의 첫 사업'으로서 나름 큰 의미가 있었다.

오랫동안 북핵 문제를 연구했고 KEDO 뉴욕본부에서 근무한 적이 있는 전봉근 전 국립외교원 교수는 그의 저서 《비핵화의 정치》(2020)에서 경수로 사업의 성과와 의의를 아래와 같이 정리했다.

> 첫째 한반도의 평화와 안정 유지에 기여했다. 남북 간 대량 접촉 시대가 열리면서 공사장인 금호 부지에서도 북측과 상시 접촉 체제가 유지됐다. 남북 교류 협력 시대가 본격적으로 열렸고 남북 대화와 교류 협력이 상시화된 8년의 긴 평화 시대가 전개됐다. 최초의 남북 정상회담도 이 기간 중에 열렸다.
> 둘째 경수로 사업은 대형 남북 경협 프로젝트의 모델이 됐다. 북한은 경수로 사업을 통해 남북 경협의 가능성을 알게 됐고 금강산 관광 사업과 개성공단 사업에 본격적으로 나서는 배경이 되었다. 실제 경수로 사업을 위해 만들어졌던 각종 의정서들이 금강산 관광, 개성공단 사업을 위한 관리규정 작성에 많이 원용되었다.
> 셋째 경수로 사업을 통해 처음으로 북한의 내부 실정을 광범위하게 관찰할 수 있게 되었다. 사업과 관련된 많은 남측 인사들이 금호 부지뿐만 아니라 평양과 북한 내지를 여행하게 되면서 북한의 경제 생활, 전기 생산, 운송 체제, 산업 가동 실태, 농산물 실태, 주민 생활 등에 대한 정보를 대량으로 습득할 수 있었다.
> 넷째 경수로 사업은 북한 변화와 개혁개방의 촉진제가 되었다. 북한은 KEDO 사업을 하면서 사실상 처음으로 한국 및 서방측 인사, 기업들과 대거 접촉을 하게 됐다. 많은 시행착오를 거치면서 자본주의적

계약 방식, 노동 방식, 사업 방식을 익혔다. 또한 통행, 통신, 통관, 부지 접근 등에서 적지 않은 개방 조치가 추진되었다. 그리고 KEDO 측을 상대로 외화 획득을 위한 가게를 개설하고 각종 서비스를 제공하면서 자본주의적 상행위 방식도 익혔다.

다섯째 경수로 사업은 동북아 다자주의와 대북 사업을 위한 국제 컨소시엄의 실험장이었다. KEDO는 대북 사업을 위한 최초의 다자주의 기구였으며 이 다자주의 실험은 이후 6자회담을 가능케 하는 배경이 되었다.

이와 함께 함경도 신포 경수로 원전 건설 경험은 뜻밖의 소득을 만들어 내기도 했다. 후에 2009년 UAE 바라카 원전 건설(사업규모 2백억 달러) 프로젝트를 따내는 데 큰 디딤돌이 된 것이다. 오랫동안 신규 원전 발주가 없었던 경쟁국 미국, 프랑스, 일본 등과 비교해서 우리는 해외(함경도 신포) 원전 건설 추진 경험을 이미 갖고 있었던 것이다. UAE 원전 수주를 위해 한전은 100일 프로젝트팀을 가동하고 있었는데 필자는 당시 관계자로부터 신포 원전 건설 프로젝트가 크게 원용되었다고 들었다. UAE 원전 수주 핵심 인력(김쌍수 한전사장, 변준연 부사장)들은 모두 북한 경수로 원전 건설에 뛰었던 인력들이었다.

KEDO의 신포 경수로 원전 건설과 관련 당시까지 한국 정부가 부담한 건설 비용이 10억 달러 규모였던 것을 생각할 때 10억 달러를 투입한 원전 건설 경험으로 2백억 달러 규모의 공사를 수주했으니 크게 성공한 장사였던 셈이다.

이 책을 마치며

트럼프, 김정은, 그리고 이재명 정부에 대한 기대

2002년 10월, 미국 켈리 특사의 방북으로 시작된 고농축우라늄 사태 후 20여 년이 지났다. 북한 핵에 관해서 한반도 상황은 그때와 비교할 수 없을 정도로 나빠졌다. 기회를 놓쳐버린 후의 결과는 참담하다. 2018~2019년 중 트럼프 대통령이 북한과 협상에 나섰을 때는 엄연한 핵무장 국가, 대륙간탄도미사일 보유국가와 만나야 했다.

2002년 당시 북한은 미국과 핵 문제 해결을 위한 최고위급 협상을 요구하면서 기껏해야(?) 북한 체제 인정 존중, 불가침조약 체결, 경수로 원전 건설 지연에 대한 보상 등을 요구했다. 지금은 그 단가가 그때와는 비교할 수가 없다. 호미로 막을 일을 지금은 가래로도 못 막는 상황이 되었다.

또 당시는 한반도에 전반적으로 해빙 무드가 지속되고 있었다. 남북한 간에 정상회담을 포함해 활발한 접촉이 계속됐고 미국, 일본도 북한과 고위 레벨에서 접촉을 이어갔다. 한반도와 유럽을 철도로 연결하는 구상까지 검토되고 있었다.

이 모든 것들이 2002년 이래 핵 문제를 제대로 해결하지 못하면서 사라져 버렸다.

그 기회비용은 너무나 컸다.

그나마 2018년 중 남북한 간에 세 차례 정상회담이 개최되었을 때는 희망이 보였다. 2018년 9월, 문재인 대통령과 김정은 위원장이 함께 백두산 천지에 올랐을 때는 국민들은 잠시나마 환호의 함성을 질렀다. 이제 한반도에서 전쟁의 위협은 사라져 버린 것 같은 환상에 젖기도 했다.

그러나 트럼프 대통령과 김정은 위원장이 2019년 2월, 세계적 스포트라이트를 받았던 베트남 하노이회담에서 빈손으로 헤어졌을 때 그 실망은 클 수밖에 없었다. 전용열차를 타고 평양을 떠나 중국 대륙을 거쳐 수천 킬로미터를 밤낮없이 여행해서 베트남에 도착했던 김정은의 실망도 컸을 것이다.

미북 정상회담의 결렬에는 여러 가지 이유가 있었지만, 부시 네오콘의 잔재였던 존 볼턴 국가안보보좌관의 역할도 컸다. 부단히 협상을 깨고 나오라고 부추겼던 것도 볼턴이었다. 트럼프 대통령은 2025년 재집권에 성공한 후 "자신의 집권 1기(2017~2021) 고위직 임명에서 최악의 선택은 존 볼턴을 국가안보보좌관에 임명한 것이었다"고 토로했다. 존 볼턴이 콧수염 외모 등 여러모로 마음에 안 들었는데 자기가 도저히 무시할 수 없는 공화당 유력자의 강력한 천거로 마지막 순간에 어쩔 수 없이 임명했다고 말했다. 그는 재집권하자 바로 존 볼턴에 대한 비밀경호(Secret Service) 제공부터 없애버렸다.

미북 협상 성공을 위해 워싱턴과 평양을 오가며 회담을 주선했던 문재인 정부도 답답하긴 마찬가지였을 것이다. 그러나 문재인 정부의 특사(정의용 국가안보실장, 서훈 국가정보원장)들은 미국과 북한이 서로 주고받을 보따리들까지 직접 챙기지는 않았던 것으로 보인다. 그건 미북 양측이 직접 처리할 문제라고 생각했던 것 같다. 그러나 양측에 필요 이상의 기대를 갖게 한 것은 일정 부분 책임이 있다고 생각한다.

하노이회담 전부터 북한이 영변 핵시설을 완전히 파괴하겠다고 약속했다는 이야기가 흘러나왔다. 북한은 미국이 경제 제재 해제 등 상당한 반대급부를 제공할 것으로 기대했고, 미국은 영변 핵시설 완전 파괴는 이미 따놓은 과실이니 여타 시설을 포함해 더 이상도 가능하겠다는 기대였던 것으로 보인다. 북한은 한국 정부의 그간의 주선 노력으로 보아 협상 타결이 가능할 것으로 큰 기대를 가지고 왔을 수 있다.

한반도 평화 프로세스를 적극 추진했던 문재인 정부도 말기에는 교착국면이 길어지면서 결국 미국 중심 외교로 회귀(한미연합훈련 재개 등 미국의 제재, 훈련 기조에 동의)했다는 비판을 받았다. 결국은 문재인 정부도 미국의 벽을 넘지 못했다는 이야기다. 후에 북한이 문재인 대통령을 "영특하고 교활한 사람"이라고 비난하고 나선 것을 보면 당시 속았다는 느낌을 받았던 모양이다.

지금 이 시점에서 하나의 변수는 다시 트럼프가 등장한 것이다. 나는 2024년 미국 대선 시 마음속으로 트럼프의 당선을 바랐던 사람이다. 가장 큰 이유는 그가 한반도에 뭔가 변화를 만들어 낼 수 있을 거로 기대했기 때문이다. 전임 바이든 정부 때는 아무것도 되는 것이 없었다. 윤석열 정부 내내 남북한은 사이가 좋지 않았다. 험한 말만 주고받았다. 불안하기 짝이 없었다. 전 세계를 대상으로 한 최근의 통상협상에서 보는 바와 같이 트럼프는 예측 불가능한 협상의 달인이다. 한반도에 근본적 변화를 가져오는 뭔가가 나올 수 있기를 기대해 본다. 단기적 빅딜보다 한반도의 장기적 안전 보장과 비핵화 프로세스를 만들어 내는 것이 중요하다. 물론 한국의 이재명 정부와의 사전 협조는 필수다.

김정은 위원장에게도 하고 싶은 말이 있다. 언제까지 핵만 끌어안고 살 수 있을 것인가? 이제 북한 국민들도 잘 살게 할 때가 됐다. 김 위원장은 조부인 김일성, 그리고 부친인 김정일과는 다르다. 스위스에서 교육을 받은 새로운 세대다. 원산 갈마지구 리조트, 마식령 스키장 개발 등 얼핏 보기엔 생뚱맞은 일을 한 것도 그런 배경이 있어서 가능했던 것으로 본다. 나는 김 위원장이 개성공단 사업에도 긍정적이었던 것으로 안다. 남쪽의 이재명 정부가 출범한 지금의 기회를 놓쳐서는 안 된다. 체제 안전 보장을 전제로 한 개혁, 개방의 단계적 확대, 북한 주민들의 삶의 질 향상에 노력해 주길 바란다.

이재명 정부에 대해선 기대가 크다. 별다른 비전도 없이 북한 붕괴론에만 매달리는 한국의 보수에 크게 실망했다. 한반도 문제의 당사자로서 미북 간 대화 재개를 위한 브리지 빌더(Bridge Builder) 역할을 적극 수행해 주길 바란다. 대북 확성기 철거, 삐라 살포 중단 등 여러 선제적 조치들도 매우 잘했다. 나는 남북 간에 교류가 재개되는 것이 급선무라고 생각한다. 제재의 틀 안에서도 가능한 인도적 지원, 문화·체육 교류 등을 적극 추진해 달라. 원산 갈마지구 리조트 관광 등도 정부가 나서지 못할 이유가 없다. 나부터 참가하고 싶다. 그리고 개성공단 사업이다. 나는 10여 년을 지속했던 개성공단이 2016년 돌연 폐쇄되었을 때 큰 좌절감과 분노를 느꼈던 사람이다. 더 욕심을 부린다면 이재명 정부 재임 중에 남북한 간에 상호대표부 교환이라도 되었으면 좋겠다.

미·중 간 극심한 전략 경쟁에서 한미 동맹과 한중 우호를 어떻게 관리해 나가느냐도 큰 문제다. 줄타기 외교라는 말이 어느 때보다 실감 있게 들리는 요즈음이다. 이재명 정부가 동일한 리버럴 정권인 문재인 정부가 넘지 못한 미국의 벽을 넘을 수 있을 것인가가 중요한 포인트다. 어느 시점에서는 미국, 중국 어느 쪽에라도 'No!'라고 할 수 있는 외교력이 필요하다.

나는 남북한과 미국 정부 3자 간 모든 대화가 좋다고 생각한다. 최소한 상대방을 오해해서 치명적인 분쟁 상황이 한반도에서 발생하지 않기를 희망한다. 베트남전쟁(1955~1975)에서 처절한 실패를 경험한 맥나마라 미국 국방장관(1961~1968년간 재직)의 통절한 고백을 잊어서는 안 된다. 그는 "비록 적이라도 상대를 이해하려는 노력을 게을리 해서는 안 되며 적과도 대화를 해야 한다"는 말을 남겼다.

"신은 종종 인간사의 무대에 잠시 옷자락을 드리우고 지나간다. 위대한 정치가는 그 옷자락을 붙잡는 자이다. 신의 옷자락이 스쳐 지나갈 때 그것을 놓치지 않고 붙잡아야 한다."

이 말은 독일 통일의 아버지 철혈재상 오토 폰 비스마르크(1815~1898)가 한 말로 알려져 있다. 역사적인 기회가 순간적으로 찾아올 때 이를 놓치지 말아야 한다는 이야기다. 나는 트럼프, 김정은, 그리고 이재명 정부의 3자 조합 케미스트리에 큰 기대를 하고 있다. 역사적인 기회를 놓치지 말아야 한다.

개마고원을 통해 백두산에 오르고 싶다

근래 북한이 '적대적 2개 국가론'이란 걸 내세우며 헌법에서 민족이나 통일을 암시하는 각종 표현들도 없애버렸다. 그 갑작스러움과 돌연함에 오랫동안 북한을 관찰해 왔던 나도 무척 황당했다. 북한 내부에 퍼진 '사상이완'(이른바 MZ 문화 영향, 한국 유행 등) 문제가 배경에 있다는 분석이 나왔다. 북한의 젊은이들이 한국 영화, 드라마에 미쳐있다는 이야기도 흘러나온다. 설득력 있게 들린다. 내가 북한을 드나들었던 20여 년 전과 비교하면 지금은 외부 정보(한국 드라마, 라디오, USB 등)가 북한에 훨씬 더 활발하게 유입되고 있다고 한다. 북한 당국의 우려가 이해가 간다.

반면 한국의 젊은이들은 너무 그 반대편에 있다. 북한 상황, 특히 최근의 '2개 국가론' 같은 것에는 무서울 정도로 관심이 없어 보인다. 통일에 대한 관심도 마찬가지다. 안타깝기 짝이 없는 현실이다. 북한 당국이 이야기하기 전에 이미 한반도는 우리 쪽에서부터 2개 국가가 되어버렸다.

필자는 외교관료로서의 40여 년의 생활 중 늘 북한 문제를 생각했다. 분단된 한반도의 평화와 통일, 온 민족 전체가 함께 잘사는 한반도를 위해 뭔가 조그마한 기여라도 할 수 있기를 바랬다. 그러나 결과적으로 좌절의 연속이었다. 그 이유는 무엇인가?

첫 번째 이유는 우리 정책 수립에 있어서의 구조적 한계였다. 쉽게 말해 우리 외교의 모든 정책은 워싱턴의 생각 위주로 돌아갔다. 유일한 세계 최강 미국이 움직이는 세상이었다. 미국 정책 당국자들의 대부분은 북한이라는 나라 자체를 이해하지 못했다. 서방의 가치와 세계관으로 보는 북한은 지구상에서 빨리 사라져야 할 정권이었다. 정상적인 정책의 대상이 아니었다. 반면 중국의 견해는 달랐다. 내가 보기에 북한이라는 나라의 체제 특성과 상황에 대해서는 중국이 미국보다 더 이해가 깊고 정확했다. 그러나 중국적 시각은 한국 외교에서는 항상 소수파였다. 나도 그 소수에 속했다. 나는 '북한 붕괴론'을 믿지 않았고 '고립과 압박'이 아닌 '교류와 협력'이 우리 대북 정책의 기조가 되어야 한다고 늘 생각했다.

두 번째 이유는 남북한 문제의 정치적 성격이었다. 한반도 문제는 남북한 양측의 최고지도자들의 정치적 의지와 결단이 필요한 사안들이었다. 지도자의 강력한 비전과 리더십이 필요한 문제였다. 관료조직이 좌우할 수 있는 문제가 아니었다. 속성상 관료집단은 안정을 원하지 큰 변화를 원치 않는다. 세상을 바꿀만한 아이디어를 수립하고 집행하는 그런 집단이 아니다.

불행하게도 한국에서는 보수와 진보 정권이 교대하는 동안 대북 정책이 극과 극을 오갔다. 서독의 동방 정책(Ostpolitik)과 같은 일관성이 없었다. 빌리 브란트 총리(1969~1974 재임)는 보수주의자들과 흡수통일론자들의 강력한 반대를 물리치고 동독 및 동구권과의 화해 협력 정책을 일관되게 추진할 수 있었다. 한국은 상황이 달랐다.

이제 한반도 통합과 통일 문제, 북핵 문제는 장기적 과제로 남을 수밖에 없다. 상당한 기간 공존의 과정을 거치면서 해결할 수밖에 없다. 이 기간 동안은 북핵 문제를 머리에 이고 사는 수밖에 없다, 그리고 이 과정 동안 필자가 가장 믿는 것은 북한의 변화다.

서울대 국가미래전략원장을 지낸 김병연 경제학부 석좌교수는 시장의 힘과 외부 정보가 북한 사회를 바꿀 핵심 변수라고 주장한다. 북한 주민들이 더 이상 순수한 '사회주의 인간'이 아니라 경제적 이해관계를 계산하는 존재라는 것이다. 나는 이러한 견해에 동의한다. 남북이 적극적으로 '교류와 협력'을 하면 변화의 시간이 단축될 수 있을 것이다.

탈북 외교관 태영호는 북한의 2030 세대는 북한 체제에 대한 나름의 신념을 가지고 있었던 원로 세대의 전통적 DNA를 갖고 있지 않다고 말했다. 그는 핵 문제 등 남북한 간의 모든 문제는 시간이 해결해 줄 것으로 본다고 말했다. 2030 세대들이 자라나 북한의 중추 세력이 될 때를 기다려야 한다는 생각이었다.

"마지막까지 놓치지 않을 관심의 대상과 목표가 있어야 주체적 삶"이라고 누가 한 말을 기억한다. 언제부터인가 북한은 나의 마지막 관심의 대상, 그리고 로망이 되었다. 개마고원을 통해 백두산을 등반하고 싶다. 해발 1,400미터의 삼지연 마을에 들러 가까운 숲속에 자리 잡은 '베개봉려관'에서 하룻밤을 자고 싶다. 사진으로 본 베개봉려관은 한국의 어떤 리조트 관광호텔보다 더 운치가 있어 보였다. 옛사람들이 한반도 최고의 오지로 여겼던 삼수, 갑산을 거쳐 백두산 남쪽 기슭 혜산에도 들르고 싶다. 몇 차례 압록강, 두만강을 따라 여행하면서 좁은 개울 하나를 사이에 두고 쳐다보던 곳이다. 그곳에도 사람 냄새가 나는 사람들이 살고 있다는 것을 확인하고 싶다. 끝.

참고자료

단행본

- 구갑우, 『비판적 평화연구와 한반도』, (서울: 후마니타스, 2007)
- 김대중 평화센터 편저, 『통일지향의 평화를 위하여: 김대중 전 대통령 주요 연설대담 2005-2007』, (서울: 한겨레 출판, 2007)
- 김대중, <김대중 자서전 1,2.> (서울: 삼인, 2011)
- 남찬순, 『북미 핵협상과 동북아 질서: 1990년대의 교훈』, (서울: 나남출판, 2007)
- 돈 오버도퍼, 로버트 칼린 지음, 이종길, 양은미 (역),<두 개의 한국, The Two Koreas>, (서울, 길산, 2014)
- 배정호, 『북한 핵의 국제정치와 한국의 대북 핵전략』, (서울: 통일연구원, 2011)
- 송민순, <빙하는 움직인다>,(서울: 창비, 2016)
- 송요택, 『US-DPRK Agreed Framework and Implementation』, (성남: 세종연구소, 1998)
- 엄호건, 『북한의 핵무기 개발: 배경과 대응』, (서울: 백산자료원, 2009)
- 윤영관, 『북핵문제와 한반도 평화정책』, (파주: 한울, 2008)
- 이수혁, 『전환적 사건』, (서울: 중앙북스, 2008)
- 이용준, 『북한핵: 새로운 게임의 법칙』, (서울: 조선일보사, 2004)
- 이용준, 『게임의 종말: 북핵협상 20년의 허상과 진실, 그리고 그 이후』, (파주: 한울, 2010)
- 이우탁, 『오바마와 김정일의 생존게임』, (서울, 도서출판 창해, 2009)
- 이은철, 『북한핵과 경수로지원』, (서울: 서울대, 1996)
- 이재석, 『북한핵 드라마: 배경, 전개, 해법』, (서울: 형설, 2004)
- 임동원, 『피스메이커』, (서울: 중앙북스, 2008)
- 임을출, 『악의 축과의 대화』, (파주: 한울, 2004)
- 장달중외, 『북미대립』, (서울: 서울대 출판문화원, 2011)
- 전봉근, <비핵화의 정치>,(서울: 명인문화사, 2020)
- 태영호, <3층 서기실의 암호>, (서울:기파랑,2018)
- 하영선, 『북핵위기와 한반도 평화』, (서울: 동아시아 연구원, 2006)
- 한국원자력 연구소 편저, 『북한 핵문제와 경수로 사업』, (2002)
- Bolton, John R., Surrender is Not an Option, (New York: Simon & Schuster, 2008)
- Bush, George W., Decision Points, (New York: Random House Inc., 2010)
- Cheney, Dick, In My Time, (New York: Simon & Schuster, 2011)

- Chinoy, Mike, Meltdown: The Inside Story of the North Korean Nuclear Crisis, (New York: St. Martin's Griffin, 2009)
- Harrison, Selig S., Korean Endgame, (Princeton: Princeton University Press, 2002)
- McBrewster, John, North Korea & Weapons of Mass Destruction, (Alphascript Publishing, 2009)
- Oberdorfer, Don & Carlin Robert., <The Two Koreas>,(Basic Books, 2013)
- O' Hanlon, Michael E., Crisis on the Korean Peninsula: how to deal with a nuclear North Korea, (New York: McGraw-Hill, 2003)
- Pritchard, Charles L., Failed Diplomacy, (Washington D.C.: The Brookings Institution, 2007).
- Rice, Condoleezza, No Higher Honor, (New York: Random House Inc., 2011)
- Rumsfeld, Donald, Known & Unknown, (New York: Sentinel, 2011)
- Wit, Joel S., & Poneman, Daniel B., & Gallucci, Robert L., Going Critical (Washington D.C.: Brookings Insitution Press, 2004)
- Woodward, Bob, Bush at War, (New York: Simon & Schuster, 2002)
- Cha, Victor D. & Kang David C., 지음, 김일영 옮김, 『북핵퍼즐』, (서울: 따뜻한 손, 2007)
- Chinoy, Mike, 지음, 박성준·홍성걸 옮김, 『북핵 롤러코스터』, (서울: 시사인북, 2010)
- Gallucci, Robert & Wit, Joel., 등 지음, 김태현 옮김, 『북핵위기의 전말: 벼랑 끝의 북미협상』, (서울: 모음북스 2005)
- Harrison, Selig S., 지음, 이홍동 등 옮김, 『셀리그 해리슨의 코리안 엔드게임』, (서울: 삼인, 2003)
- Pritchard, Charles, 지음, 김연철·서보혁 옮김, 『실패한 외교』, (서울: 사계절 출판사, 2008)
- Siegfried S. Hecker 지음, 천지현 옮김, <핵의 변곡점>,(서울: 창비,2023)
- Synder, Scott, 지음, 안진환 외 옮김, 『벼랑끝 협상』, (서울: 청년정신, 2004)
- Overdorfer, Don, 지음, 이종길 옮김, 『두 개의 한국』, (고양: 도서출판 길산, 2003)
- 후나바시 요이치(船橋洋一) 지음, 오영환 외 옮김, 『김정일 최후의 도박』, (서울: 중앙일보 시사미디어, 2007)

논문

- 구갑우, '제2차 북미 핵갈등의 담론적 기원: 2002년 10월 3일-11월 26일, 말의 공방과 담론의 생태계,'(경남대 극동문제연구소 발간 '한국과 국제정치', 2014년 가을호)
- 김근식, '북한의 핵협상: 주장 행동 패턴,' (경남대 극동문제연구소 발간 '한국과 국제정치' 2011년 봄호)
- 김일수, '클린턴과 부시의 대북정책 비교분석,' (대한정치학회보 12집 2호, 2004)
- 김재홍, 'North Korea's Coercive Diplomacy,' (연세대 박사학위논문, 2006)

- 백학순, '부시정부 출범 이후의 북미관계 변화와 북한 핵문제,' (세종연구소, 2003)
- 서보혁, '제네바 합의 붕괴 원인에 관한 다차원적 분석,' (『통일문제 연구』통권 제 39호, 2003, pp. 14-16)
- 손용우, '신현실주의 관점에서 본 북한의 핵 정책; 생존과 안보를 위한 핵무기 추구,' (북한대학원 대학교, 2012)
- 신동민, '북한의 위기대응 논리분석' (서울대학원 외교학과 석사학위논문, 2010)
- 신봉길, ' 2002년 대북 중유공급 중단 결정에 관한 연구', (북한대학원대학교: 석사학위논문, 2012)
- 양무진, '북한의 대남협상전략,' (경남대학교 대학원: 정치외교학 박사논문, 2001)
- 윤원규, '북한 핵 위기와 북미협상: 1차 위기와 2차 위기의 비교분석,' (경남대학교 대학원, 2011)
- 이재봉, '북한의 핵무기개발과 미국의 대북정책,' (북한연구학회보 제7권 2호, 2003)
- 이제훈, '제2차 북핵위기 발발원인에 관한 연구,' (북한대학원대학교 석사학위논문, 2008)
- 이지수, '북한 핵문제 전개과정과 한국정부의 대응방안연구,' (경남대학교 교육대학원, 2010)
- 이춘근, '북한 핵문제의 과학 기술적 이해,' (과학기술정책연구원, 2003)
- 정희태, '북한의 대미 위기관리연구,' (서울대 박사학위논문, 2004)
- 조건식, '북한의 외교정책 결정과정연구: 제네바 북핵협상 사례를 중심으로,' (경남대학교 북한대학원, 2005)
- 차주희, '미국의 대북 강압외교정책에 관한 연구,' (동아시아 연구 제 11호, 2005)
- 홍정안, '북한 핵문제에 대한 미국의 해결전략 및 한국의 대응방향,' (경남대학교 행정대학원, 2005)
- Boot, Max, 'Neocons' Foreign Policy, No.140 (Jan-Feb 2004)
- Carter, Ralph G., 'Leadership at Risk: The Perils of Unilateralism', Political Science & Politics, Vol.36., No.1, Jan 2003.
- Elich, Gregori, 'Hawk Engagement: A Dangerous Turn in the US Plans for North Korea,' Nov. 30, 2004.
- Levite, Ariel, 'Never Say Never Again: Nuclear Reversal Revisited,' Int'l Security, Vol. 27, No.3 (Winter 2002-2003)
- Moon, Chung-in, 'The Bush Doctrine & the North Korean Nuclear Crisis', Asian Perspective, Vol. 27, No.4, 2003.
- Quinones, C. Kenneth, 'Dualism in the Bush Administration's North Korea Policy', Asian Perspective, Vol.27, No.1, 2003.

부록 1. 제네바합의(1994년 10월 21일)

AGREED FRAMEWORK BETWEEN THE UNITED STATES OF AMERICA

AND THE DEMOCRATIC PEOPLE'S REPUBLIC OF KOREA

Geneva, October 21, 1994

Delegations of the governments of the United States of America (U.S.) and the Democratic People's Republic of Korea (DPRK) held talks in Geneva from September 23 to October 21, 1994, to negotiate an overall resolution of the nuclear issue on the Korean Peninsula.

Both sides reaffirmed the importance of attaining the objectives contained in the August 12, 1994 Agreed Statement between the U.S. and the DPRK and upholding the principles of the June 11, 1993 Joint Statement of the U.S. and the DPRK to achieve peace and security on a nuclear-free Korean peninsula. The U.S. and the DPRK decided to take the following actions for the resolution of the nuclear issue:

Both sides will cooperate to replace the DPRK's graphite-moderated reactors and related facilities with light-water reactor (LWR) power plants.

In accordance with the October 20, 1994 letter of assurance from the U.S. President, the U.S. will undertake to make arrangements for the provision to the DPRK of a LWR project with a total generating capacity of approximately 2,000 MW(e) by a target date of 2003.

The U.S. will organize under its leadership an international consortium to finance and supply the LWR project to be provided to the DPRK. The U.S., representing the international consortium, will serve as the principal point of contact with the DPRK for the LWR project.

The U.S., representing the consortium, will make best efforts to secure the conclusion of a supply contract with the DPRK within six months of the date of this Document for the provision of the LWR project. Contract talks will begin as soon as possible after the date of this Document.

As necessary, the U.S. and the DPRK will conclude a bilateral agreement for cooperation in the field of peaceful uses of nuclear energy.

In accordance with the October 20, 1994 letter of assurance from the U.S. President, the U.S., representing the consortium, will make arrangements to offset the energy foregone due to the freeze of the DPRK's graphite-moderated reactors and related facilities, pending completion of the first LWR unit.

Alternative energy will be provided in the form of heavy oil for heating and electricity production.

Deliveries of heavy oil will begin within three months of the date of this Document and will reach a rate of 500,000 tons annually, in accordance with an agreed schedule of deliveries.

Upon receipt of U.S. assurances for the provision of LWR's and for arrangements for interim energy alternatives, the DPRK will freeze its graphite-moderated reactors and related facilities and will eventually dismantle these reactors and related facilities.

The freeze on the DPRK's graphite-moderated reactors and related facilities will be fully implemented within one month of the date of this Document. During this one-month period, and throughout the freeze, the International Atomic Energy Agency (IAEA) will be allowed to monitor this freeze, and the DPRK will provide full cooperation to the IAEA for this purpose.

Dismantlement of the DPRK's graphite-moderated reactors and related facilities will be completed when the LWR project is completed.

The U.S. and the DPRK will cooperate in finding a method to store safely the spent fuel from the 5 MW(e) experimental reactor during the construction of the LWR project, and to dispose of the fuel in a safe manner that does not involve reprocessing in the DPRK.

As soon as possible after the date of this document U.S. and DPRK experts will hold two sets of experts talks.

At one set of talks, experts will discuss issues related to alternative energy and the replacement of the graphite-moderated reactor program with the LWR project.

At the other set of talks, experts will discuss specific arrangements for spent fuel storage and ultimate disposition.

The two sides will move toward full normalization of political and economic relations.

Within three months of the date of this Document, both sides will reduce barriers to trade and investment, including restrictions on telecommunications services and financial transactions.

Each side will open a liaison office in the other's capital following resolution of consular and other technical issues through expert level discussions.

As progress is made on issues of concern to each side, the U.S. and the DPRK will upgrade bilateral relations to the Ambassadorial level.

Both sides will work together for peace and security on a nuclear-free Korean peninsula.

The U.S. will provide formal assurances to the DPRK, against the threat or use of nuclear weapons by the U.S.

The DPRK will consistently take steps to implement the North-South Joint Declaration on the Denuclearization of the Korean Peninsula.

The DPRK will engage in North-South dialogue, as this Agreed Framework will help create an atmosphere that promotes such dialogue.

Both sides will work together to strengthen the international nuclear non proliferation regime.

The DPRK will remain a party to the Treaty on the Non-Proliferation of Nuclear Weapons (NPT) and will allow implementation of its safeguards agreement under the Treaty.

Upon conclusion of the supply contract for the provision of the LWR project, ad hoc and routine inspections will resume under the

DPRK's safeguards agreement with the IAEA with respect to the facilities not subject to the freeze. Pending conclusion of the supply contract, inspections required by the IAEA for the continuity of safeguards will continue at the facilities not subject to the freeze.

When a significant portion of the LWR project is completed, but before delivery of key nuclear components, the DPRK will come into full compliance with its safeguards agreement with the IAEA (INFCIRC/403), including taking all steps that may be deemed necessary by the IAEA, following consultations with the Agency with regard to verifying the accuracy and completeness of the DPRK's initial report on all nuclear material in the DPRK.

Kang Sok Ju

Head of the Delegation of the Democratic People's Republic of Korea First Vice-Minister of Foreign Affairs of the Democratic People's Republic of Korea

Robert L. Gallucci

Head of the Delegation of United States of America, Ambassador at Large of the United States of America

부록 2. 조-일 평양선언(2002년 9월 17일)

조선민주주의인민공화국 김정일 국방위원장과 일본국 고이즈미 준이치로 총리대신은 2002년 9월 17일 평양에서 상봉하고 회담을 진행하였다.

두 수뇌들은 조일 사이의 불미스러운 과거를 청산하고 현안사항을 해결하며 결실 있는 정치, 경제, 문화적 관계를 수립하는 것이 쌍방의 기본리익에 부합되며 지역의 평화와 안정에 큰 기여로 된다는 공통된 인식을 확인하였다.

1. 쌍방은 이 선언에서 제시된 정신과 기본원칙에 따라 국교정상화를 빠른 시일 안에 실현시키기 위하여 모든 노력을 기울이기로 하였으며 이를 위하여 2002년 10월 중에 조일국교정상화회담을 재개하기로 하였다.

쌍방은 호상 신뢰관계에 기초하여 국교 정상화를 실현하는 과정에도 조일 사이에 존재하는 제반 문제들에 성의 있게 림하려는 강한 결의를 표명하였다.

2. 일본 측은 과거 식민지 지배로 인하여 조선 인민에게 다대한 손해와 고통을 준 력사적 사실을 겸허하게 받아들이며 통절한 반성과 마음속으로부터의 사죄의 뜻을 표명하였다.

쌍방은 일본 측이 조선민주주의인민공화국 측에 대하여 국교 정상화 후 쌍방이 적절하다고 간주하는 기간에 걸쳐 무상 자금 협력, 저리자 장기차관 제공 및 국제기구를 통한 인도주의적 지원 등의 경제 협력을 실시하며 또한 민간경제 활동을 지원하는 견지에서 일본국제협력은행 등에 의한 융자, 신용대부 등이 실시되는 것이 이 선언의 정신에 부합된다는 기본인식 밑에 국교정상화회담에서 경제 협력의 구체적인 규모와 내용을 성실히 협의하기로 하였다.

쌍방은 국교 정상화를 실현하는 데 있어서 1945년 8월 15일 이전에 발생한 리유에 기초한 두 나라 및 두 나라 인민의 모든 재산 및 청구권을 호상 포기하는 기본원칙에 따라 국교정상화회담에서 이에 대하여 구체적으로 협의하기로 하였다.

쌍방은 재일조선인들의 지위 문제와 문화재 문제에 대하여 국교정상화회담에서 성실히 협의하기로 하였다.

3. 쌍방은 국제법을 준수하며 서로의 안전을 위협하는 행동을 하지 않는다는 것을 확인하였다. 또한 일본 국민의 생명 및 안전과 관련된 현안문제에 대하여 조선민주주의인민공화국측은 조일 두 나라의 비정상적인 관계 속에서 발생한 이러한 유감스러운 문제가 앞으로 다시 발생하지 않도록 적절한 조치를 취할 것을 확인하였다.

4. 쌍방은 동북아시아 지역의 평화와 안정을 유지 강화하기 위하여 호상 협력해 나갈 것을 확인하였다.

쌍방은 이 지역의 유관국들 사이에 호상 신뢰에 기초하는 협력 관계 구축의 중요성을 확인하며 이 지역의 유관국들 사이의 관계가 정상화되는 데 따라 지역의 신뢰 조성을 도모하기 위한 틀거리를 정비해 나가는 것이 중요하다는 데 대하여 인식을 같이하였다.

쌍방은 조선반도 핵 문제의 포괄적인 해결을 위하여 해당한 모든 국제적 합의들을 준수할 것을 확인하였다. 또한 쌍방은 핵 및 미사일 문제를 포함한 안전보장상의 제반 문제와 관련하여 유관국들 사이의 대화를 촉진하여 문제 해결을 도모해야 할 필요성을 확인하였다.

조선민주주의인민공화국 측은 이 선언의 정신에 따라 미사일 발사의 보류를 2003년 이후 더 연장할 의향을 표명하였다.

쌍방은 안전보장과 관련한 문제에 대하여 협의해 나가기로 하였다.

조선민주주의인민공화국 국방위원회 위원장 김정일

일본국 총리대신 고이즈미 준이치로

2002년 9월 17일

평 양

부록 3. 북한 외무성 대변인 담화(2002년 10월 25일)

조선민주주의인민공화국 외무성 대변인 담화

새 세기에 들어와 조선반도와 동북아시아 지역 정세에서는 새로운 획기적인 변화들이 일어나고 있다.

북남, 조-러, 조-중, 조-일 관계는 새로운 중요한 시기를 맞이하였으며 반세기 이상 끊어졌던 북남 철도의 연결과 일본과의 과거 청산을 비롯하여 지난 시기의 낡은 유물들을 없애기 위한 대담한 조치들이 취해졌다.

우리는 변화된 현 정세와 우리의 구체적 실정에 맞게 경제 관리에서도 일련의 새로운 대책들을 강구하고 경제특구를 내오는 등 경제를 활성화하기 위한 조치들을 연이어 취하고 있다.

이러한 사태 발전은 다 아시아와 세계 평화에 대한 실천적 기여로 된다.

그러므로 미국을 제외한 세계의 거의 모든 나라들이 이를 지지 환영하였고 우리는 여기에서 큰 고무를 받았다.

이러한 속에서 우리는 미국과도 적대 관계를 근원적으로 털어버리고 평등한 입장에서 현안들을 풀어나갈 수 있을 것이라는 기대감을 가지고 얼마 전에 미국 대통령의 특사를 받아들였었다.

그러나 유감스럽게도 우리는 특사의 방문을 통하여 우리를 힘으로 압살하고 조선반도와 동북아시아 지역에서의 긍정적인 정세 발전을 역전시키려는 부시 행정부의 적대적 기도가 최절정에 달하고 있다는 것을 확인하게 되었다.

　미국 특사는 아무런 근거자료도 없이 우리가 핵무기 제조를 목적으로 농축 우라늄 계획을 추진하여 조-미 기본합의문을 위반하고 있다고 걸고 들면서 그것을 중지하지 않으면 조-미 대화도 없고 특히 조-일 관계나 북남 관계도 파국 상태에 들어갈 것이라고 하였다.

　너무도 일방적이고 오만무례한 미국의 태도는 놀라움을 자아내지 않을 수 없었다.

　그러나 이러한 적반하장격의 강도적 논리가 우리에게 통할 수 있으리라고 생각했다면 미국은 크게 오산하였다.

　조선반도의 핵 문제에 대해 말한다면 그것은 근 반세기 전부터 미국이 세계 제패 전략에 따라 대조선 적대시 정책을 추구하면서 남조선과 그 주변 지역에 방대한 핵무기를 저축해 놓고 작은 나라인 우리를 핵무기로 위협해 옴으로써 산생된 문제이다.

　1994년 10월, 조미 기본합의문이 채택되었으나 미국은 그 이행 문제에 대해 이미 말할 자격을 상실한 지 오래다.

　기본합의문의 제1조에 따라 미국이 우리에게 경수로 발전소들을 2003년까지 제공하는 대신 우리는 흑연감속로와 그 연관시설들을 동결하게 되어있으나 우리가 핵시설들을 동결한 지 만 8년이 지난 오늘까지도 경수로는 기초구뎅이나 파놓은 데 불과하다.

　이로 인하여 우리는 경수로 1호기가 완공될 계획이었던 2003년에 연간 100만키로와트 그다음 해부터는 연간 200만키로와트의 전력 손실만 보게 되었다.

기본합의문의 제2조에 따라 쌍방은 정치 및 경제 관계를 완전히 정상화하는 데로 나가게 되어있으나 지난 8년 동안 미국의 대조선 적대시 정책과 경제 제재는 끊임없이 계속되어 왔으며 이제 와서는 우리를 악의 축으로 공격하는 데까지 이르렀다.

기본합의문 제3조에 따라 미국은 핵무기를 사용하지 않으며 핵무기로 위협하지도 않는다는 공식 담보를 우리에게 제공하게 되어 있으나 미국은 그러한 담보 제공 대신 우리를 핵 선제공격 대상으로 포함시켰다.

기본합의문 제4조와 합의문에 따르는 비공개 양해록 제7항에 따라 우리는 경수로에 타빈과 발전기를 포함한 비핵부문품들의 납입이 완전히 실현된 다음에 핵사찰을 받게 되어있으나 미국은 벌써 핵사찰을 받아야 한다는 일방적인 논리를 들고 나와 마치 우리가 합의문을 위반하고 있는 듯이 국제 여론을 오도하였다.

이번에 우리는 비공개 양해록을 이처럼 처음으로 공개하지 않으면 안 되게 되었다.

결국 기본합의문의 4개 조항 중에 미국이 준수한 것은 단 하나도 없다.

애초에 미국이 합의문을 채택할 때 이행 의사를 가지고 있었는지 아니면 우리가 조만간에 붕괴되리라는 타산을 가지고 거짓 수표했는지는 미국만이 알 일이다.

그러나 부시 행정부가 우리를 악의 축으로 규정하고 핵 선제공격 대상에 포함시킨 것은 명백히 우리에 대한 선전포고로써 조-미 공동성명과 조-미 기본합의문을 완전히 무효화시킨 것이다.

부시 행정부는 우리에게 한 핵 선제공격을 정책화함으로써 핵무기 전파방지조약의 기본정신을 완전히 유린했으며 북남 비핵화 공동선언을 백지화해 버렸다.

부시 행정부의 무모한 정치, 경제, 군사적 압력 책동으로 하여 우리의 생존권은 사상 최악의 위협을 당하고 있으며 조선반도에는 엄중한 사태가 조성되게 되었다.

이런 상황하에서 우리가 팔짱 끼고 가만히 앉아있으리라고 생각했다면 그보다 더 단순한 사고는 없을 것이다.

우리는 미국 대통령 특사에게 미국의 가중되는 핵 압살 위협에 대처하여 우리가 자주권과 생존권을 지키기 위해 핵무기는 물론 그보다 더한 것도 가지게 되어있다는 것을 명백히 말해주었다.

자주권을 생명보다 더 중히 여기는 우리에게 있어서 미국의 오만무례한 처사를 놓고 이보다 알맞는 대답은 있을 수 없다.

우리가 무장을 해제하지 않으면 쏘겠다고 달려드는 미국에게 그 무엇을 해명해 줄 필요가 없으며 그런 의무는 더욱이 없다.

그러나 우리는 최대의 아량을 가지고 미국이 첫째로 우리의 자주권을 인정하고, 둘째로 불가침을 확약하며, 셋째로 우리의 경제발전에 장애를 조성하지 않는 조건에서 이 문제를 협상을 통해 해결할 용의가 있다는 것을 명백히 밝혀주었다.

지금 미국과 일부 추종 세력들은 우리가 무장을 놓은 다음에 협상하자는 주장을 펴고 있다.

이것은 매우 비정상적인 논리이다.

우리가 벌거벗고 무엇을 가지고 대항한단 말인가. 결국 우리 보고 굴복하라는 것이다.

굴복은 죽음이다.

죽음을 각오한 자 당할 자 없다.

이것이 선군정치를 끝까지 받들려는 우리 군대와 인민의 신념이며 의지이다.

우리의 입장은 시종일관하다.

조선반도에 조성된 엄중한 사태를 타개하기 위하여 우리는 조-미 사이에 불가침조약을 체결하는 것이 핵 문제 해결의 합리적이고 현실적인 방도로 된다고 인정한다.

미국이 불가침조약을 통해 우리에 대한 핵 불사용을 포함한 불가침을 법적으로 확약한다면 우리도 미국의 안보상 우려를 해소할 용의가 있다.

작은 나라인 우리에게 있어서 모든 문제 해결 방식의 기준점은 우리의 자주권과 생존권의 위협의 제거이다.

이 기준점을 충족시키는 데는 협상의 방법도 있을 수 있고 억제력의 방법도 있을 수 있으나 우리는 될수록 전자를 바라고 있다.

주체 91 2002년 10월 25일 평양

(서울=연합뉴스) 2002/10/25 (11:30)

북한 외교관 K와의 대화

초판 1쇄 발행 2025년 10월 13일

지은이 신봉길
펴낸이 류태연

펴낸곳 렛츠북
주소 서울시 영등포구 문래북로 116, 트리플렉스 1005호
등록 2015년 05월 15일 제2018-000065호
전화 070-4786-4823 | **팩스** 070-7610-2823
이메일 letsbook2@naver.com | **홈페이지** http://www.letsbook21.co.kr
블로그 https://blog.naver.com/letsbook2 | **인스타그램** @letsbook2

ISBN 979-11-6054-772-6 13340

* 이 책은 저작권법에 따라 보호를 받는 저작물이므로 무단전재 및 복제를 금지하며, 이 책 내용의 전부 및 일부를 이용하려면 반드시 저작권자와 도서출판 렛츠북의 서면동의를 받아야 합니다.

* 잘못된 책은 구입하신 서점에서 바꾸어 드립니다.